[新西兰]伊恩·格兰特 玛丽·格兰特 著

［优秀女孩
教养手册］

YOU XIU NÜ HAI
JIAO YANG SHOU CE

浙江少年儿童出版社

引言

倾听女儿的心声，培养有主见的女儿

现在的家长们普遍感到，他们正在和一股势力很强的由商业利益与媒体舆论组成的力量进行着顽强的较量。你只要在互联网上粗略地搜索一下就会发现，这一现象非常明显。当儿童教育工作者们把年龄在十岁到十二岁之间的孩子当作"青春期前"的儿童对待，对他们进行着良好的教育时，而市场营销人员却已将他们视为"青少年"，并将他们作为营销对象，大量倾销着自己的商品。

在过去的几年中，我们花了很多时间来了解有关"叛逆女孩"误入歧途后的种种悲惨案例。在这些案例中，并不是所有的情况都可以规避，但有一个显而易见的特点是，这些家长都遭受着巨大的痛苦。此时此刻的他们，通常最需要专家的指导和建议。我们的目标之一，就是在他们女儿的早期人生中，通过提供简单实用的育儿理论，帮助这些家长们将理论付诸实践，以减少这些意外情况的发生。

另一方面，我们也很高兴地看到，自信的年轻女孩过着充满激情和乐观向上的人生——这些年轻的成年女孩有了关爱她们的父母的支持，就能够展翅高飞，因为她们知道自己拥有着坚强的后盾，并具备了足够的生存技能和自知之明，最终一定能够成就一个有意义的人生。

我们撰写本书的目的，是想助你们一臂之力，让你们既能够与女儿共享天伦之乐，同时又希望你们能够拥有一个培养出独立自主、自信和充满爱的女儿的机会。我们还想让你们明白，为什么女孩有着强烈的依恋感需求，并希望你们能够学会一些实用的方法来满足女儿的天性。此外，我们也想让你们明白，通过特殊的方式科学地引导女儿，你们就能培养出一个具有强大内心的女儿。

本书还谈到了如何与女儿快乐地生活，如何与女儿保持畅通交流，以及如何将你们的价值观顺利地传授给下一代。听到一些家长在谈及女儿未来时就会感到非常担忧，尤其在女儿处于易发怒、易叛逆的青春期时，他们仿佛吓得不知所措，这实在让人感到悲哀。我们希望你们阅读了本书后，能够将孩子成长的这些年变成你们人生中共度的最美好的时光，变成让你们永远回味无穷的美好回忆。

最后，尽管本书是合著的作品，为了简单起见，我们依然采用以第一人称"我"来叙述的方式。这意味着本书虽然以伊恩作为第一人称来叙述，然而，妻子玛丽所研究、整理的内容和她渊博的知识，都交织在本书的每个段落中。

伊恩·格兰特和玛丽·格兰特

引言　倾听女儿的心声,培养有主见的女儿

1. 及早规划女儿的未来 …… 1

女孩在成长的过程中有着多种多样的选择　　3

家庭氛围对孩子的智力发展会产生巨大的影响　　4

爸爸妈妈要及早在女儿心里建立起威望　　6

2. 与婴儿进行早期互动 …… 9

与女儿建立亲密的亲子纽带关系　　12

享受与女儿相处的天伦之乐　　14

让女儿在充满安全感的环境中探索世界　　17

3. 了解女儿的天性 …… 21

女孩有着特殊的能力　　22

适合女孩使用的"家庭密码"　　26

心灵沟通,能够让一切都变得不同　　28

教女儿怎样明智地冒风险　　30

为女儿积极创造各种条件　　31

4. 女孩的自尊 …… 33

女孩的自尊如何建立　　34

帮助女儿诠释她遇到的问题　　36

关怀,是一种恰当的教养方式　　39

女孩该如何塑造个人形象　　41

目录

如何让女儿产生自我价值感 … 47

多表扬女儿，给她贴上"正面标签" … 49

让女儿自己学会判断安危 … 52

5. 女孩易受女性文化的影响 …… 55

家长面临的诸多挑战 … 57

如何抵制"流行文化"的影响 … 60

如何减轻营销人员带来的影响 … 61

父亲有机会"一票"否定"外貌文化" … 63

尽可能长久地留住女儿的童年 … 65

如何使用电子信息产品 … 66

让女儿远离网络危险 … 69

在家庭成员面前对女性或女孩表示尊重 … 72

创造一种独特的家庭文化 … 74

6. 建立一个利于女儿成长的家庭 …… 79

有利于女儿健康成长的家庭应该是怎样的 … 80

教养女儿有三个同等重要的要素 … 81

教养女儿的第一要素——乐趣和沟通 … 82

充分利用好家庭用餐时间 … 85

教养女儿的第二要素——有监督体系 … 88

教女儿正确使用零用钱 … 90

随时可以营造轻松的家庭氛围 91

教养女儿的第三要素——培养她优秀的品行 92

父母应该将自己视为教练员或管理员 94

放手让女儿玩耍 96

7. 把握爱女儿的程度 99

为女儿制定必要的纪律 101

父母如何联手共同教养女儿 103

引导女儿学会做出更好的选择 108

告诉女儿在做事之前必须考虑他人的感受 110

如何面对父母权威的降低 113

爱的 V 型结构 114

明确指出女儿的不良行为 116

教女儿学习铺床叠被,有助于她的大脑发育 117

用励志故事来激励女儿 119

让女儿明白你始终站在她的一方 120

8. 女儿的小学阶段 123

7 到 15 岁是女儿接受价值观的关键时期 125

有意识地在家里创造教育孩子的机会 127

了解女儿表达爱的方式 131

教女儿学习如何结交朋友 132

目录

在学校里与同学怎样相处　　　　　　　　　137

鼓励女儿在生活中养成好习惯　　　　　　139

让女儿有一个健康美好的精神状态　　　　140

9. 女儿的青春期前阶段 …………………… 143

理解女儿有结交朋友的需求　　　　　　　146

向女儿传授正确的生理知识　　　　　　　148

母女共度一个特殊的周末　　　　　　　　150

坦率地与女儿进行沟通　　　　　　　　　153

沉着应对女儿的生理期　　　　　　　　　154

10. 面对青春期的女儿 …………………… 159

利用好女儿的同龄朋友的力量　　　　　　161

慢慢地给予女儿更多的权利　　　　　　　162

保持用餐优先的家庭好习惯　　　　　　　163

为青春期女儿设立行为界限　　　　　　　165

让女儿承担更多的责任　　　　　　　　　168

让女儿为自己的行为"埋单"　　　　　　170

女孩间存在着排挤与被排挤现象　　　　　171

父母对校园欺凌现象可以做些什么　　　　173

11. 独自教养女儿 ………………………… 177

做一个快乐的家长　　　　　　　　　　　178

利用一切可利用的资源　　　　　　　　　179

既要坚定又要温柔地面对女儿　　180

　　独自教养青春期女儿　　182

12. 母亲与女儿　　187

　　母女之间心灵相通　　188

　　母亲要为女儿做出榜样　　190

　　主动花时间陪伴女儿　　193

　　维持你的价值观　　194

　　理解青春期女儿的心理变化　　197

　　健康积极地看待女儿与异性朋友的交往　　198

13. 父亲与女儿　　203

　　女孩需要得到父亲的肯定　　206

　　父亲要成为女儿心中的英雄　　208

　　不要过度保护女儿　　209

　　你的鼓励对女儿来说很重要　　210

　　敢于为不当言辞道歉　　213

　　成为一名会玩的家长　　215

　　理解女儿经历的人生特殊阶段　　216

14. 女儿性格的培养　　219

　　女孩需要受到激励　　220

　　重视培养女儿的领导能力　　222

　　帮助女儿发挥优势，树立自信心　　223

1 及早规划女儿的未来

ji zao gui hua
nü er de wei lai

如今的女孩们在成长的过程中有着多种多样的选择。任何一个职业都向她们敞开了大门,社会也赋予了她们男女平等的权利。然而,在当今的特殊时代,这一代女孩同时也会遭遇一些特殊挑战。因此,为女儿规划好人生的重任,自然地落到了当今父母的肩上。

> **如果**你有机会成为父亲或母亲，请以一种神秘和敬畏的心态来对待这件事。你能获得一种看着新生命成长的快乐体验，并有机会帮助他人在神秘而多彩的人生中一展风采。
>
> ——引自肯特·奈本的著作《简单的真理》

最近应一个小女孩的请求，我为她的洋娃娃制作了一个木质的"洋娃娃之家"，房间里还配有完整的迷你家具和电灯。这是我制作的第二件木质玩具作品。我的前一件作品是一匹红色的小木马，它是为一个生日礼物而特制的。激发我一时兴起的创造力，其背后的动力源自三个非常可爱的小孙女。

多年来我一直为小孙子们制作卡车和挖掘机等机械类的玩具，现在开始制作一些不同类型的新玩具，让我着实有点兴奋。女孩不同于男孩，这给父母提供了一个教养孩子的完全不同的视角。女孩天性渴望情感联系，而且几乎从一出生后，她就产生了眼神交流和回应口头交流的需求倾向。

你肯定有这样的感受：你与女儿共享天伦之乐的事情，多得不胜枚举。女孩天性渴望心灵沟通，并与生俱来想要照顾他人，不论被照顾的对象是一个洋娃娃，还是一只宠物，都代表了她渴望在充满爱的家庭中成为其中一员。她自身具备的这些品质让她会成为你最大的同盟者，促进你和她之间筑起强烈的依恋感。当许多家长视为难以应对的叛逆的青春期到来时，这种强烈的依恋感却是帮助女儿顺利度过青春期的关键所在。

从你的女儿出生后的婴儿期，一直到后来的青春期，在她整个成长时期内，都需要爱她的父母精心地加以教养。即便成为一个青春期少女后，当她在某些领域表现出精湛的技艺，比如熟练地操作电子设备等，并且貌似非常独立而有主见，但由于她的天性和生理原因，你的女儿还是需要获得亲密的情感和心灵的沟通。你对她始终如一的爱，以及对大家庭的关心，对于正值青春期的女儿来说至关重要。这不仅因为青少年的大脑组织尚未充分发育，还因为她的情感发育也不成熟。作为家长的我们，可以成为她的重要同盟者，让她获得这样的信息：她是一个珍贵的、有价值的和可爱的小女孩。

女孩在成长的过程中有着多种多样的选择

家长要做的事情永远是鼓励。在陪伴你的女儿进入青春期之前，你要将她的"情感蓄水池盛满"，即给予她所需要的爱和肯定，教她学会各种生存技巧，让她保持与他人建立良好人际关系的兴趣。源自你的肯定信息和智慧，将促使她成长为一个有着强大内心的女孩，并明白自己已经具备所需的种种生存技能。你必须让她清楚地了解在家庭中应遵守的行为界限，以及别人对待她的方式哪些是可以接受的。最重要的是，如果她从你身上学到一个道理——在做完该做的事情后才能玩耍，那么这会为她打下良好的情商基础。这也是你期待她作为家庭成员之一应该遵守的行为。如果她没有基本的同情心和自律性,那么她的人生将缺少慈善之心和一个道德支柱。

　　如今的女孩们在成长的过程中有着多种多样的选择。任何一个职业都向她们敞开了大门,社会也赋予了她们男女平等的权利。然而,在当今的特殊时代,这一代女孩同时也会遭遇一些特殊挑战。因此,为女儿规划好人生的重任,自然地落到了当今父母的肩上。

家庭氛围对孩子的智力发展会产生巨大的影响

　　美国好莱坞制片人理查德·兰德是一位有着三个女儿的父亲,他在十多年前发明了一个英特网过滤系统,专门用于过滤色情网页。兰德认为,以他在好莱坞的所见所闻,女孩的"纯真年代"已经荡然无存。更糟糕的是,他认为几乎任何时候都有数以万计的恋童癖者在网络上闲逛。网络上超过三分之一的流量都属于色情内容,而访问色情内容网站的最大群体,就是年龄在12岁至17岁之间的青少年。

　　色情内容在网络上泛滥,我们家长需要时刻保持警惕,并采取必要的措施。我们需要加倍积极主动地扮演好保护女儿的角色,为她创造一个无忧无虑的快乐童年。

　　所有的父母不仅要成为女儿的"顾问",同时要成为她的支持者。从女儿出生后的早期阶段开始,我们就必须保证抽出充足的时间来陪伴她,与她建立起良好的亲子关系。

　　最近,在我们去伦敦看望九个月大的小孙女期间,每当我把她抱坐在腿上给她读故事听时,小孙女所表现出来的全神贯注让我十分惊讶。我不得不跟她奶奶竞争,因为她奶奶用吹口哨的方式逗小孙女开心相当有一套。不过,我很高兴地再次验证了一个真理,即小女孩天生倾向于对口语产生积极的反应。当我给她念她最喜欢听的童话故事时,小孙女似乎对我说话的音调和节奏特别着迷。

从一开始就经常与女儿聊天,及时给予她情感支持,与女儿一起娱乐,这些活动为女儿提供了良好的氛围,能促使她勇于探索世界,并在认知的过程中树立起自信心。

给你的女儿提供安全感

教养婴儿成长的养育者,将对这个婴儿的智力形成产生巨大的影响。婴儿所处的家庭氛围是自由轻松的还是紧张的,是死气沉沉的还是活泼开朗的,是充满乐趣的还是严肃压抑的,对此,婴儿的大脑会相应地给予回应并不断据此塑形。

——摘自史蒂夫·比达尔夫所著的《育儿宝典》

你必须成为家中负责任的大人,不仅在与女儿交流时要充满自信,而且要形成良好的家庭习惯并营造温馨的家庭氛围。美国哈佛大学的伯顿·怀特博士做了一项为期十年的研究,得出的最为关键的结论是:在下列三方面把握得好的父母,对培养孩子树立良好的思想会产生重大的影响。这类家长把握得好的三个方面是:都有杰出的组织能力,并对孩子的生活环境有较强的设计能力;他们容许孩子因某个问题短暂地打断他们，并借此机会进行答疑；在严格执行纪律的同时也表达出无限的爱。

永远不要低估你作为家长这个角色的重要作用。记住，在把孩子培养成为有能力、有爱心的成年人的过程中，你做出的贡献不可磨灭。

爸爸妈妈要及早在女儿心里建立起威望

刚出生的女宝宝特别依赖她和母亲之间建立起的共生关系。若是小宝宝没有得到精心照顾，她就会感受到因缺失亲子关系而导致的恐惧感。一旦她觉得自己不"属于"那个人——母亲（或父亲），她就会产生无法生存下去的恐惧感。

幸运的是，你无需花费百万美元来聘请一位儿童心理专家，以满足女儿的这些需求。你只需在每天的日常生活中投入时间，自然流露出对她的爱，十分乐意成为她的父母就足够了。

最近我们观看了一部纪录片，讲的是一对父母求助于一名儿童心理专家，来帮助他们解决18个月大的女儿长期不愿睡觉的难题。之前这对父母已经咨询过好几个专家，他俩自认为女儿太过聪明，所以时刻保持着警惕性而不愿睡觉。经过几天对这个家庭日常生活状态的观察，这位儿童心理专家得出了结论："是的，这个小女孩非常聪明，但她时刻保持警惕性的真正原因，却是过于焦虑。她知道自己的父母亲没有足够的信心成为家中负责任的大人——这对父母亲似乎不知道该如何照顾她——因此她不能确定如果自己睡着的话，是否一切安全。"

这位专家一针见血地找到了症结所在。形成有规律的家庭事务处理节奏,让一切家庭事务变得井然有序并可以预见,这样做可使女儿感受到一切事情都在你们的掌控中,并能按部就班地进行。因此,制定简单而有规律的活动安排,如吃晚餐、娱乐、沐浴、讲故事和就寝,这会让女儿产生安全感,使她得以安心入睡。用了几周时间改变生活规律后,爸爸妈妈开始在女儿的心里建立起威望,同时他们也成功地扮演了家中负责任的大人的角色。

★ 为女儿树立一个美好的梦想

让女儿明白你打算把她培养成哪种类型的少女。让她"预见"自己在青春期晚期时,会成长为一名充满自信、乐观、富有冒险精神、慷慨大方、诚实和有爱心的青年。

★ 切记不要把你家当成一个"民主国家"来对待

女儿学会了吃蔬菜,并不能因此让她获得一个平等的家庭投票权,也不代表因此同意她上网玩电脑。记住,女儿取得的成绩,不能成为她进一步得到其他满足的"交换物"。

★ 不要给女儿超过她的处理能力之外的自由

当你的女儿步入青春期时,凭借与她之前建立的信任关系,可提供给她更多的协商做决定的机会。但你依然要保护她,只允许她做些与年龄相符的决定——绝不能让她有超过她的处理能力之外的自由。你必须看着她"独自飞翔",教她学会自立是你的最终目标。

女儿需要什么?

- ☑ 一个对她百般疼爱并将她抚养长大的养育者。
- ☑ 一个充满爱的家庭氛围;成为这样的家庭中的一员。
- ☑ 父母对她有明确的期望,并打算把她培养成某种类型的女性。
- ☑ 温暖和快乐,但也需要有规律和可预见的家庭生活。
- ☑ 有一对从一开始就能担当家中大人角色的父母。
- ☑ 有一对一直在她身边陪伴她快乐成长的父母。

2 与婴儿进行早期互动

yu ying er jin xing
zao qi hu dong

帮助你女儿的最基本方法就是,让她形成一种"自我感觉良好"的心态。当女宝宝自我感觉良好时,她往往会更想去取悦父母,因此她会主动做出正确的行为,并对她周围的事物能够体会出其中的美好。

名家感言

与婴儿的早期互动是至关重要的。儿童从很小的时候就学会了微笑,哪怕在生病时他们也会微笑。当看见孩子们微笑时,所有的父母都会本能地对他们微笑……只要生活中充满了拥抱、欢笑和其他表达亲昵关系的行为举止,就等于为孩子们设置了一幕美好童年的背景。

——英国儿童心理和社会发展学家休·弗特

在这个世界上我是受欢迎的吗?这个世界上有没有我的一席之地呢?

每个孩子都会产生这样的疑问。每个小女孩都想知道:我是否能够被人接纳?我是否可爱呢?我们必须告诉她一个肯定的答案:是的。

其实这是一种正常的心理活动,即我们需要被他人所爱。从新生女婴人生的最早期开始,家长对她的抚慰和建立起来的亲子关系在她的内心深处打上了一个情感烙印,即她是珍贵而有价值的。甚至在女宝宝出生前,她就听惯了母亲有规律的心跳节奏。此外,现在的科学家们还指出,在出生前,婴儿也能分别出谁是自己的父亲。因此,亲子关系可以说是与生俱来的。

人生早期建立起来的亲子依恋感,促使女宝宝形成了最初的自我意识。在母亲腹中成长的十个月里,除了听见自己的心跳外,她还

2 与婴儿进行早期互动

能够听见母亲有规律、有节奏的心跳声,而且母亲的说话声对她来说既熟悉又安心。人类不像其他动物那样拥有一些天生的本能。有些哺乳动物的幼崽天生能够寻找到自己的母亲,但新生的人类婴儿却没有这样的本能。

研究表明,对新生婴儿进行抚摩、对话及拥抱,可以促进婴儿大脑发育并强化婴儿的情感记忆力。一个母亲会对自己的女宝宝倾注全部的爱,会轻柔地抚摩新生宝宝的全身,用这种方式让女宝宝懂得,她不仅受欢迎而且非常漂亮,促使她产生这种朦胧的意识。此外,这种教养互动方式还为家长提供了一种了解女宝宝的途径,即可以学会理解她的各种暗示。帮助你女儿的最基本方法就是,让她形成一种"自我感觉良好"的心态。当女宝宝自我感觉良好时,她往往会更想去取悦父母,因此她会主动做出正确的行为,并对她周围的事物能够体会出其中的美好。

> 母亲和婴儿都需要依靠彼此间的互动去了解对方,同时学会解析彼此的语言含义……这就是我们在人生中最早建立的爱恋关系。这种关系模式将为未来建立其他关系勾勒出蓝图。
>
> ——儿童心理治疗师玛丽·萨顿

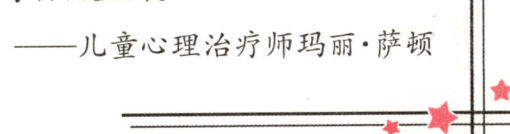

与女儿建立亲密的亲子纽带关系

新生女婴的大脑在很多方面都尚未发育完全，父母若能与她进行爱的互动，则有助于女宝宝大脑未来的充分发育。对于新生女婴来说，三分之二的大脑会在出生后发育，因此若想使女宝宝的大脑得到充分发育，则需要有正确的刺激物加以刺激。如果我们家长在恰当的时候对她进行正确的训练，女宝宝的大脑就能正常发育，并和父母之间形成亲密的亲子纽带关系。让人感到欣慰的是，在充满爱的家庭中训练这些内容，往往能起到较好的作用。这类家庭的家长们喜欢对宝宝唱歌、聊天，跟宝宝玩耍，并为她营造一个平和而洋溢着爱的家庭氛围。对于周围环境的情感基调，女宝宝的大脑显得非常敏感。因此，当你打算给女儿换尿不湿或喂食时，应自然而然地跟她拉家常，聊聊日常琐事，告诉她你打算去哪里以及要做什么。这样做不仅能够抚慰她，还能够让她产生安全感。

然而，很多家长仍然认为一个刚出生的女婴，只有吃饱、穿暖、定时换尿布的需求，仅此而已。他们忽略了一个至关重要的事实，就是在女儿学会开口说话前的这个阶段，父母的陪伴和抚慰的话语奠定了女儿学会乐观的心态、掌握逻辑思考的能力和树立良好自我感觉的根基。

对你的女儿来说，她人生的第一年里要体验的东西就是这个世界是否可信任。我们人类的大脑，开始时就像是一团尚未凝固的混凝土，如果我们在学会说话前的记忆里被深深植入了不被需要或者缺乏安全感的一种感受，那么这些负面影响将很难在今后的人生中被彻底清除。如果女宝宝的需要、暗示都得到了及时的反馈，并始终如一地感受到关爱，她就会得出一个结论：这个世界是可以被信赖的。因此，对于新生女宝宝和母亲来说，彼此间信任的建立和依恋感的形成是非常重要的。

实用技巧

1. 形成日常生活规律

　　形成有规律的日常生活习惯，再加上你的悉心陪伴，对你的宝宝来说十分重要。因此，常和宝宝聊天，微笑，一起听音乐，多做触摸活动，让宝宝多接触家庭成员，都是非常有益于宝宝成长的，尤其要让她熟悉家庭中每个成员的面孔。

2. 母亲的好心情会在婴儿的意识中体现出来

　　对于一个刚做妈妈的人来说，得到多方面的支持显得尤为重要。母亲的幸福感会在宝宝的自我意识中反映出来。

著名教育家菲尔·席尔瓦里在新西兰奥塔哥大学进行的一项为期21年的科学追踪研究期间，跟踪了一千多名儿童从出生到21岁期间的成长过程。他得出的一个结论是，财富或者向当今新生儿父母兜售的宝宝用品，并不一定是影响孩子成长的最重要的东西。恰恰相反，席尔瓦里认为："贫穷的生活条件和逆境是完全可以被良好的家教来转化的。"席尔瓦里博士得出的结论是，如果一个婴儿想要生存下来，最重要的三个基础条件是：对孩子的照顾必须做到始终如一；孩子的人生早期经历应该丰富多彩；孩子需要真切地感受到被爱。

这三个基础条件没有一个是需要用钱才能买到的，并且这三个基础条件完全可以融入普通家庭的简单生活中。因此，父母要常与你们的宝宝一起唱歌、跳舞，把宝宝的活动融入你们的日常活动中。当你从一个房间到另一个房间去时要抱上她，告诉她你打算做什么，让她看着你触碰不同材质的东西，比如羊毛、干树叶和海滩上的沙子等。不论是带她乘坐婴儿车外出活动，还是去动物园参观，都要随时给她讲解，抚慰她，所有这些活动都能够让她的童年变得丰富多彩。

享受与女儿相处的天伦之乐

千万不要觉得暂离职场来照顾你的宝宝是浪费时间。你可以把这段时间视为一段特殊时期，在你培养出宝宝的早期自我意识时，你也赢得了照顾自己的时间。如果你将人生中的这段时间看作是一个享受简单生活的机会，那么你和女儿都将从中受益。

母亲脸上洋溢的微笑能够让女儿觉得这个世界是一个美好的地方。处于婴儿期的女宝宝完全无法辨别她与母亲是分离的两个个体，直到成长到大约2岁时，当她本能地想要挣脱母亲时，并且开始学会说"不"、"是我的"以及"我来做"类似的话时，她才会希望你来告诉她"她是谁"，以及她的价值是什么。

如果在女宝宝出生后的三年内你能够做出牺牲陪伴她，那么这

2 与婴儿进行早期互动

三年牺牲的时间是相当值得的。父母照顾她的头三年是至关重要的时期,你不仅能够保护她,还可与她建立亲密的亲子纽带关系,这将使你能够真正地了解你的女儿。

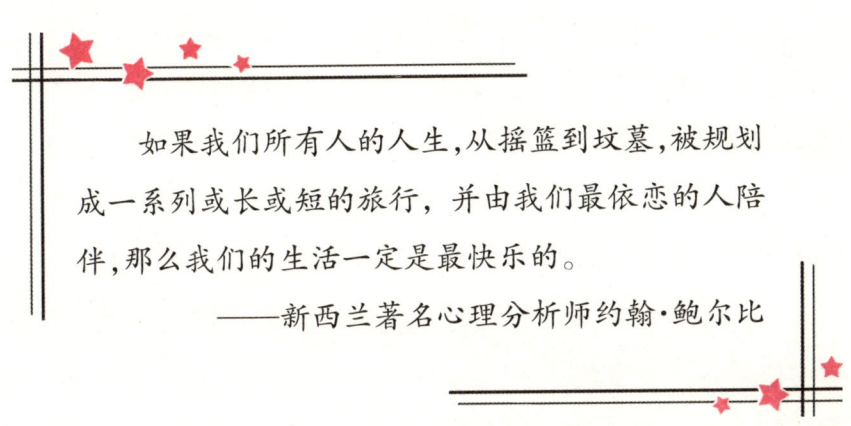

如果我们所有人的人生,从摇篮到坟墓,被规划成一系列或长或短的旅行,并由我们最依恋的人陪伴,那么我们的生活一定是最快乐的。

——新西兰著名心理分析师约翰·鲍尔比

最近,我在给一群上班族就时下非常流行的话题——"如何在教育孩子与工作之间保持平衡",做了一次成功的演讲。演讲时我有点紧张,因为听众当中很多是研究这方面内容的专家。演讲结束后,我加入了分组讨论。我所在的小组是由三名职业女性组成的,巧的是这三名女性都处于怀孕期。其中一位女士发表了自己的看法:"我们确实发现这样做是值得的,并且更加坚定了我们的信心:宝宝出生后,我要抽出充足的时间来陪伴和照顾他。"另外一个处于孕晚期的女士不无感慨地说,当看到她同事的处境后,她打算辞职在家,休息三年来专心照顾宝宝。她谈到自己所在公司的一个女同事,因与家中两个处于叛逆的青春期的女儿产生隔阂而感到孤立无助。因为自从两个女儿出生后,她就把女儿们送到了日托所照看,而如今她很后悔已经过去的那几年,因为保姆照顾女儿们的时间比她多得多。

目前关于孩子人生头三年的所有研究结果表明，宝宝出生后的头三年是父母与孩子建立亲密的亲子纽带关系和依恋感的重要时期，同时也是孩子大脑发育的关键期。不幸的是，现在依然有很多职业女性认为尽早重返职场对她们来说十分重要。就女儿未来的幸福生活来看，如果你能在女儿出生后的两三年内对她悉心照顾，这远比将来让她上哪所高中显得重要得多。如今的年轻家长们很少能够听到这样的观点，当母亲们迫不及待地重返职场时，与孩子交流的热情也降到了最低点。

儿童教育专家们一致认为，想要教养出一个充满自信、有爱而快乐的孩子，其秘密就在于父母与孩子之间要建立牢固的亲子纽带关系。对于这一观点，美国著名教育家迈克尔·古里安认为："儿童大脑的健康发育，需要亲子纽带关系和依恋感的形成才能得以充分发展。依恋感尚未形成，则大脑无法正常发育——不论在行为、心理或是智力方面，都是这样。"

在你的女儿出生后的头两年，如果你实在需要日托所帮忙照顾女儿，那么一定要找一个能够让你尽可能参与其中照顾她的日托所，并尽量把日托照顾孩子的过渡期压缩至最短。每一个过渡期往往都会导致婴幼儿产生焦虑情绪。如果可能的话，最好将女儿的日托安排在自己家中。让慈爱的祖母或者家庭中其他一个成员共同分担照顾婴儿宝宝的任务，要比把她送到规模较大的全日制日托所好得多。新生女宝宝只能与少数几个成年人建立起亲密的亲子纽带关系，她需要与一个自始至终让她熟悉的人形成依恋关系。

实用技巧

★ 如果你不是非得如此,请尽量不要过早地重返全职职场,并将你的婴儿宝宝长期地托付给日托所照看。或许你可以在近几年内,适当降低一些以原来的生活方式设定的较高的生活目标,这可以让你感到压力不会过大。

让女儿在充满安全感的环境中探索世界

美国儿童心理学家卡伦·莱昂斯博士有一个著名的"安全圈"理论,他认为,当孩子们产生安全感时,他们会对这个世界产生浓厚的兴趣,并愿意走出去探索未知世界。然而在探索的过程中,孩子们会把他们的照顾者当作"安全堡垒"。有时他们希望父母亲能够陪在他们的身边,有时他们需要得到帮助,还有时他们想要父母亲共同参与活动,并希望他们也能在游戏中获得乐趣。孩子在参与这样的活动时,会不可避免地靠近父母,因为他们可能需要父母情感上的抚慰、帮助、保护或者分享快乐。

然而在孩子出生后的头几年,作为母亲或者父亲的你若能亲自照顾孩子的话,所收获的真正"副产品"就是你会与宝宝之间建立深厚的亲情。

有些母亲在女儿上学之前就使她产生了强烈的安全感,而有些母亲却无意之中使得自己的孩子严重缺乏安全感。这两种类型的母亲相比较而言,前者比后者会表现出更加积极的情绪,能够享受与孩子们相处的快乐,可以进行不受干扰的教育,同时也能为孩子们提供一个轻松愉悦的家庭氛围。

换句话说,要扮演好家中的大人,就意味着要做到友好和善、慈爱温暖,但也要保持严肃的态度,不仅满足女儿的身体需求,同时也满足她的情感需求。

如果你家蹒跚学步的小女儿试图对你发号施令,例如,当你正打算喝完手中的咖啡时,女儿"命令"你立即陪她一起去玩滑梯,这时你会怎么做?你若不想喝完手中咖啡的话,可以立即接受她的要求。但你也可以换种方式来处理,对她说:"好的,在我喝完咖啡之前,你可以坐在我身边。或者你可以自己先去滑梯那里玩,我可以边喝咖啡边看着你玩。"这样做的话,你仍然可以给她提供情感上的支持,虽然你不能立即按照她的要求满足她。

现在我们知道,婴儿出生后的头三年是为她未来人生潜能打下根基的重要时期。因此,你要尽可能多地参与照顾你女儿的快乐生活,比如替她报名参加音乐和体育方面的兴趣课程,带她去图书馆,等等。你跟她说话时,不要仅仅使用简单的词语,应该用完整、复杂的正式语言与她交流。如果你这样做了,你一定会为女儿超强的学习吸收能力和反应能力感到无比吃惊。你如果帮助她建立起丰富的语言储存库,你就一定会为她感到无比自豪的。

孩子们的安全感是从父母亲那里获得的。一个生活有规律并充满自信的家长,会使孩子看待世界的态度变得认真和友善。如果你年

2 与婴儿进行早期互动

幼的女儿能够预见即将发生的事,又有两位大人负责照顾她,那么她就能产生安全感,对身边的事情感到放心。

如果女儿的潜意识里觉得"我才是掌控全局的老大",那么随之而来的问题便是:"一旦我陷入困境,结果会怎样呢?"因为她认为大人似乎不知道该怎么办。这种局面不光是可笑的,也是危险的。

实用技巧

★ 避免将宝宝独自放在电视机前不管不问

应该筹划一些令宝宝和你都很期待的特别活动,并且固定为每周例行的活动。如带宝宝坐童车和朋友一起去公园或海滩散步。如果你加入了网球俱乐部,或者读书俱乐部,或者是母亲俱乐部,就会形成每周期盼的活动,并养成习惯。

★ 每天要陪宝宝玩几分钟的游戏

例如可以玩躲猫猫游戏等,可以教她一些玩游戏的新技巧,并逗她开心,培养你们之间亲密的亲子感情。

★ 多与女儿进行表情、声音方面的交流

经常抚摸和抱抱你的宝宝。当你和她说话时,要面带表情。可以跟她一起读儿歌,也可以唱一些摇篮曲。

 一个新生女宝宝需要的是什么?

- ☑ 安全的亲子纽带关系和依恋感——作为一名母亲,你要相信你的本能的力量,并享受与女儿相处的天伦之乐。
- ☑ 大量的积极性的声音与表情刺激,如唱歌、聊天,以及跟小宝宝做游戏。
- ☑ 一个平静且可以预见的生活环境。
- ☑ 充满自信而又能"掌控全局"的父母亲。

3 了解女儿的天性

liao jie nü er de tian xing

女孩天生就有建立亲密人际关系和心灵沟通的渴望,这是她的天性使然。她与人建立的友谊,将一直成为她获得快乐的源泉。每一种文化熏陶下的小女孩都喜爱玩洋娃娃,就像男孩喜欢玩格斗游戏一样,这都是天性使然。

> 每个家长都知道，下雨天，男孩们爱玩类似"城市突击队"或者"恐吓猫"之类的室内游戏，而女孩们则会玩假扮结婚、公主或者开派对之类的游戏……实际上，女孩们总爱玩人际关系类游戏。
>
> ——引自约翰·艾杰奇所著的《我心狂野》

女孩有着特殊的能力

女孩天生喜欢与人沟通。因为天性使然，所以你的女儿总是有说不完的话。

除非受到过某种创伤，女儿与父母的依恋关系遭到瓦解，否则父母亲往往可以从女儿的早期成长阶段发现这样的特点：女孩一天生活的核心之处就是喜欢交往。女儿有你的陪伴会觉得快乐，并且在她还是很小的时候就具备了表达个人感情的能力，这一点或许会令你惊讶不已。当你结束一天工作后回到家，女儿会兴高采烈地跑来迎接你，她会迫不及待地告诉你近期结识"新"朋友的事，或者想要征求你的许可，同意她穿芭蕾舞裙和胶靴上幼儿园，总之，她想跟你保持亲密的关系。她需要从你的口中得到一个响亮的好评："是的，你很可爱，我很高兴你是我的女儿。"

3 了解女儿的天性

众所周知,女孩的天性与众不同,当女孩表现温柔时就应该向她表示鼓励。如果你可以让她快乐,了解如何满足她真正的需求,并能在她需要的时候扮演好大人的角色的话,那么就意味着你已经掌握了教养女孩的艺术。每当女儿走进屋时,如果你的双眼能够瞬间为她散发出喜悦的光芒,那么你就能满足她内心深处渴望的认同感。当她走进厨房,带着从花园里刚采摘下来的鲜花(或许是还未成熟的番茄)送给你时,如果你能忽略掉地板上沾上的泥土,而看到她内心充满的爱和心灵沟通的渴望,那么你将给女儿埋下一粒可以生根发芽的心灵种子。

男孩参加的各项体育运动,女孩也能参加,并且应该积极鼓励她参加。尽管这一观念被广为接受,但现在的研究结果向我们表明,人们对女孩形成的那些根深蒂固的弱于男孩的老观念,虽然是事实,却并不是由于社会条件造成的,而是因为女孩的生理结构与男孩不同。我们都会注意到这样的情况,玩"过家家"游戏的小朋友中,数量上总是女孩多于男孩;照顾洋娃娃,扮演仙女,做饭炒菜,诸如此类的游戏,也能看出男孩和女孩的比例差异。小女孩的卧室里可能贴满了童话故事中的美丽公主——灰姑娘、白雪公主或者睡美人。新西兰著名教育家凯瑟琳·奥·多兰在当地的报纸上发表过一篇题为《歌颂芭蕾舞裙》的文章,我十分欣赏她对女孩的描述:"遗传基因里是不是包含了别的什么东西?当小女孩想要得到某件东西时,是不是只需大声喊出'我是女生,我就是喜欢这种东西'就可以理所当然地拥有呢?如果她心情很糟或抑郁时,我的第一反应会这样处理:立即抱起她,直奔衣橱,给她穿芭蕾舞裙。在被各种乱七八糟的琐事烦心,同时还需要照顾女儿的处境下,假如你不能立刻振作起来,那你或许就不是称职的家长了。即便在那种处境中,身为家长,哪怕表露出一丝微笑也会好很多。"一点儿也没错——让女儿确信她就是一个可爱的仙女或公主,这样做完全正确!

　　女孩天生就有建立亲密人际关系和心灵沟通的渴望,这是她的天性使然。她与人建立的友谊,将一直成为她获得快乐的源泉。每一种文化熏陶下的小女孩都喜爱玩洋娃娃,就像男孩喜欢玩格斗游戏一样,这都是天性使然。现在我们知道,如果你能够依据女孩的天性来教养女儿,而不是一味地否定她的天性,你就会赋予她想要什么都可以的自由。自尊心强的儿童会很自然地产生一种安全感,这往往能培养出他们快乐行事的能力,即使在复杂的情况下,他们也不会产生自卑感。

　　我们也知道,当小女孩进入青春期时,因为体内激素的影响,女孩会以很多种微妙的方式对她的秘密世界采取措施。在过去的十年里,运用先进的扫描技术,科学家们还揭示出了女孩大脑中的一些秘密。美国著名教育家迈克尔·古里安在他的著作《奇妙女孩》中解释说,女性从右脑至左脑的发育要比男性更快一点,因此女孩比男孩在感情上更加敏感。左脑是负责语言的区域,女孩左脑的发育要比男孩早一些,所以女孩的语言能力比男孩强。女性的大脑比男性能分泌更多的血清素。血清素分泌的多少,直接与控制冲动能力的强弱有关,由此我们知道,一到三岁的小女孩往往比同龄的小男孩显得安静得多。女性的大脑也会比男性分泌更多的荷尔蒙,而荷尔蒙分泌的多少与女孩爱玩照顾动物或宝宝之类的游戏有直接关系。由此我们也知

3 了解女儿的天性

道，任何年龄段的女孩都比男孩更爱玩照顾洋娃娃或照顾动物类的游戏。

> 女孩在视觉、听觉、嗅觉方面比男孩更敏感。与男孩相比，女孩感情细腻丰富，更加擅长处理人际关系。
> —— 引自迈克尔·古里安所著的《奇妙女孩》

女孩喜欢在画本上写名词，而男孩偏向写动词。小女孩更倾向于画房子和人物，而小男孩则偏向画各种火箭和机器。女宝宝似乎天生就对人际关系和人的面孔感兴趣，而男宝宝则天生对活动的物体更加感兴趣。

英国剑桥大学的一个课题组进行过一项研究，他们给一百多个宝宝摄像，来分析这些宝宝的眼球运动状况。所有的宝宝都对各种各样的刺激因素产生了反应，包括年轻女人的面孔和手机等。研究人员发现，女宝宝对女人的面孔更加感兴趣，而男宝宝对手机感兴趣的人数则为女宝宝的两倍。研究人员在后续的推广研究中获得了"确凿的证据"，证明性别差异的部分原因在于社会兴趣，但根本原因在于男女孩生理结构的不同。

实际上，女孩与男孩在观察和倾听方面表现得最为不同。女孩更倾向于观察细节，并且往往更善于倾听。更有意思的是，女孩的听觉也比男孩更加敏感。女孩通常更加富有同情心，会关心他人，情感表达能力也比男孩强。我们还知道，在不同程度上，女性对温度、触碰、语调、气味等环境因素比男性更加敏感。

适合女孩使用的"家庭密码"

对于女孩来说，内心世界发生了什么或许不会从外表上反映出来。与男孩相比，女孩往往很少表露愤怒的情绪，但她表露出来的更多的是害怕、忧伤和尴尬的情绪。因此，学会明智地教养女儿，可以使你女儿的成长过程与众不同。在情感上给予支持，善于倾听，能够让一个孩子更加健康地谈论自己的压力处境。充满关心和爱，并帮她化解消极处境的母亲，有助于女儿形成一个正确的世界观，同时也可避免女儿对正在发生的事情产生个人偏见，这有助于女儿树立正确的价值观。

你需要让女儿明白你很爱她，并不断地向她强化这一点。你可以创造一种"家庭密码"来明确地表达这个信息。例如，当你边拉着女儿的手边走路时，连续握紧她的小手五次并告诉她，这个动作代表向她提问："你爱我吗？"然后，教她学会如何以同样的方式握紧你的手作为回应，这个动作代表回答："是的，我很爱你！"接着再握紧她的小手两次：代表的意思是"有多爱呢？"她长时间地握紧你的手，代表"无限爱！"这一系列动作可以成为你和女儿之间特有的"家庭密码"，你可以在任何时候、任何场合使用"家庭密码"，作为情感交流的方式。当你的女儿步入青春期阶段，开始变得有点叛逆，不大愿意与你交流，同时对朋友们的想法又很敏感的时候，这时你使用"家庭密码"会对她很有帮助。

最近有一位职业为水暖工的父亲告诉我，他每天都会驾驶工作车送十四岁的女儿和她的朋友们上学，她的女儿每次都要求他在学

3 了解女儿的天性

校前面一个街口提前让她们下车,为的是避免被人看到而感到尴尬。这位父亲说,这些女孩几乎很少跟他一起聊天——通常他跟女孩们只是点头打个招呼,或者在她们下车时说句告别的话。因为他的女儿只有十四岁,所以他和妻子严格遵守制定好的家规,监管女儿独自外出的时间。比如,他们拒绝了女儿提出的跟同龄朋友们一起参加摇滚音乐会的要求。他们向其他孩子的家长们咨询后,给女儿提供了另外一个可选的方案:让其中一个孩子的父母陪同她们一起参加音乐会。但这个提议遭到了女儿的拒绝。结果接下来的一两天,女儿对她父母的态度表现得极为冷淡。

此事发生期间,这位父亲依然每天送女孩们上学。毫无疑问,女孩们看见他时表现出强烈的不满情绪。然而在这种情况下,作为大人的他决定表现出一如往常的平和态度,忽略女孩们对他制造出来的隔阂感。他回想起我曾经组织过的一个研讨会,内容是:一个男人懂得如何与女孩们打开话匣子十分重要。我当时解释过,男人往往喜欢谈论事实,而女孩对情感更加感兴趣,并常常关注事情的细节。男人总是希望尽快与我们的妻子和女儿们结束谈话。他想起了这些事情,于是向我进行咨询。

我的建议是:你可以这样控制与女儿谈话的节奏:假想你手中拿着一个网球,当你跟女儿聊天时,提问和回答的同时,在你和女儿之间进行一来一回地扔球。然而,这个技巧最重要的一点是,你不要最终把网球塞入自己的口袋里,而应该让女儿最终接住网球,结束聊天。用这种方式谈话,女儿会感觉到你真正地在与她"对话"。回想起这个方法后,这位父亲决定"冒险"试试以这种方式跟这些青春期少女聊天。他问女孩们对她们最喜欢的乐队有什么个人看法。几分钟后,女儿扭过头跟坐在汽车后座的朋友们攀谈起来,并开始回答他的问题,表达个人的观点。之后,当汽车开到快到学校大门的前一个街口时,女儿说:"哦,爸爸,如果你愿意的话,可以把我们送到学校门口。"于是他将车停在了学校门口,并为刚才融洽而温暖的聊天氛围感到由衷的开心。当女孩们下车时,这位父亲扭头对女儿说:"或许对于你想要参加音乐会的要求,我们过于苛刻了。但这是因为你对我们来说太过珍贵了,而我们有责任保护好你的人身安全!"听完他的话,他看到女儿正准备走开,但片刻后他感到女儿的手握住了他的胳膊,然后用力紧紧握住。那是他们的"家庭密码",代表提问:"你爱我吗?"这时,他明白和女儿之间的隔阂已经完全消除了!

心灵沟通,能够让一切都变得不同

与你的女儿建立亲密的亲子纽带关系,确保在她需要的时候你永远在她身边——在她成长的过程中,这会给她提供十分有用的帮助。因此,不要怕花费时间,给她读故事,跟她聊天,让她读懂你,这比什么都有用。

在你每天的日程中,要抽出一定的时间来陪伴她,比如在她上床睡觉前的最后五分钟里跟她聊几句,或者当她一回到家时就递上一杯热饮来欢迎她。你应该让她聊一聊她一天当中遇到的最好事情和最坏事情,并以微笑的姿态保持倾听。

你可以用你成熟的成人视角帮她诠释她遇到的事情。儿童通常

3 了解女儿的天性

善于观察，但理解能力较弱。女孩总是渴望与人建立良好的人际关系，别人的看法可能会引起她心神不宁。女儿需要你帮她对具体问题进行具体分析，比如你可以告诉她："亲爱的，这只不过是一种假象。"或者说："这跟你的为人没有丝毫关系，只是因为詹妮感到讨厌才说了一些恶意中伤的话。"

☑ 仅仅是想要逗女儿开心，你可以这样对她说："在我数到10之前，如果你能钻进被窝的话，我们可以在'黑暗中聊天'2分钟。"她一定会喜欢这个主意。

☑ 偶尔一时兴起，把穿着睡衣在睡梦中的女儿和她的兄弟姐妹唤醒，邀请他们外出吃冰激凌，或者做些其他"神秘款待"的事情。我最喜欢的请客方式，是带着孩子们驾车去甜品店买奶昔，然后打包回家款待他们！

★ 经常带些惊喜回家；在家举办各种庆祝活动；女儿生日聚会时发表贺词，还可让每位家庭成员都向她发表积极的祝贺感言，让她明白家里每个人都爱她。

教女儿怎样明智地冒风险

　　必要时,你还应该教女儿如何明智地冒风险。当一个男孩在体育运动中受了伤,他的父亲通常会咨询医生,问儿子何时能够重新开始运动,这很正常;但当女儿受伤时,家长往往会问医生女儿是否应该从此放弃体育运动。其实对女孩来说,坚持运动十分重要。因为这为她提供了一个从属于某个群体的可能性,不仅对她的身体健康和幸福感很重要,而且保持运动还可发展她的协调技能。令人遗憾的是,当女孩感到自己不擅长体育运动时,她往往会不再参加体育运动,或者当她觉得团队中没有特别要好的朋友时,也会终止参加体育运动。因此,你应制定类似这样的一条家规:家里的孩子们每个人都必须参加一项夏季体育运动和一项冬季体育运动,但可以给他们选择参加哪项运动项目的自由权利。虽然有的项目受到年龄的限制,但这让他们懂得自己有了一定的自主权利。

　　"明智地冒风险",是指冒那些出了偏差仍可掌控的风险。比如你的女儿天生比她的同胞兄弟姐妹们谨小慎微,那就让她多玩玩操场上的小滑梯,直到她建立起自信心为止。你还可以带她一起去平缓的海浪中玩耍,千万不要因为她是胆小的女孩而故意规避任何冒险活动。

> 你女儿的基本需求是要有安全感。千万不要吓唬她,你只需教她懂得为什么做某些事情是安全的,这就够了。

为女儿积极创造各种条件

女孩往往比男孩更喜欢阅读和说话,而且普遍来说,女孩更能适应当今学校普遍采用的学习风格。可以简单地认为,过去几十年的教育改革给女孩带来了极大的益处,就小组探索学习和讨论式的学习方式来看,女孩比男孩显得更加得心应手。

和你的女儿一起阅读并保持这一习惯吧。在她的成长过程中读各种历史故事给她听;在家庭就餐期间,与她讨论书中有价值的亮点以及看待事情的视角;当她对你的观点发表不同意见时,应允许她有个人想法,这样她就能学会坚持自己的看法。

过去女孩常常被鼓励选择学习语言类科目,而不是物理和数学类科目,因为人们认为学习语言是女孩的天赋。然而,现在大多数的教育学家一致认为,其实女孩对各个学科都有同等的学习天赋。对女孩来说,她所选择的学科的教育风格,才是影响她学习的最为关键的一环。鉴于这一特点,女孩在女子学校里受教育往往会获得更大的成功。

如何看待你女儿的天性?

因为女孩有喜爱建立良好人际关系的天性,所以用各种方式与人建立联系能够使她感到自己被他人理解。

☑ 亲自为你的女儿制作几本贴有家庭成员照片（肖像尤其能够吸引她）的图册；将所有家庭成员的姓名标出，或者跟她讲讲某个家庭成员的有关故事。

☑ 外出回家时给女儿带来惊喜——可以对女儿说："我一直在想你。"

☑ 邀请女儿跟你约会——每隔一定的时间带她外出就餐——并一直保持这个传统。

☑ 带她去参加户外活动，跟她谈心。

 **女孩需要这样的父母亲**

☑ 相信她是惹人喜爱的人。

☑ 能够提供情感支持并聆听她倾诉的人。

☑ 替她客观地诠释问题（因为儿童虽善于观察，但理解力较弱）。

☑ 鼓励她进行明智的冒险。

☑ 帮助她了解体内荷尔蒙激素的作用，使她弄清个人情绪变化的规律，并学会在低谷期调整好自己的心态。

☑ 对她寄予厚望。

4 女孩的自尊

nü hai de zi zun

你要向她灌输一种难以捕捉的优秀品质，我们称之为自尊。如果没有关爱她的大人帮助她正确诠释生活，没有哪一个女孩可以自行产生积极健康的归属感，并被这个世界所接纳。

> 所有的儿童都渴望得到他人的认可,并且希望他们真实的本质被他人接纳——大多数成年人也是如此认为。我们所有人的内心深处都存在一个疑问:你眼中看到的我,仅仅是我的外表,还是真实的我呢?是一个由天赋、潜能、需求、创伤、性格还有灵魂素养共同塑造出的真我吗?
>
> 教养孩子的核心内容(绝不仅仅是满足孩子的最基本需求),是将一个新出生的婴儿培养成独具个性身份的人。
>
> ——著名作家和教育家理查德·惠特菲尔德教授

女孩的自尊如何建立

我们经常会谈到自我价值的问题,对于它,实际的意义是什么确实存在一些争议。你的女儿常常会认为,她的自我价值存在于各种各样的体验以及人与人之间的社会交往中。如果你向她提供一面能反映出个人价值的镜子,那将会成为她完善自我形象的动力。

我们的女儿现已成长为一名富有爱心、热情而活力四射的成熟女性,但她小的时候有着善变的倾向,她可能一时开心得不得了,一时又悲伤得无以复加,她那时爱说一句口头禅:"不要让我觉得自己很糟糕。"毫无疑问,只要多了解一点你女儿的脾性,采用适合她的方

4 女孩的自尊

式来教养她,就会让她觉得自己被他人接纳。对于个性十分明显的女孩,或者各种要求很多的女孩,这就要体现父母教养女儿的真正本领了。就拿我们的女儿来说,她的脾性是典型的"海獭"类型——哄她的人需要充满爱和关心,确保她产生良好的自我感觉。在我们的女儿十几岁时,每当她结束一天的学校生活回到家,我们总是特别开心,因为在接女儿回家时,她总是以这样的方式打开话匣子:"你永远也猜不到今天我遇到了什么事!"接下来她会兴奋地说出一个个令人惊讶的巧遇,事情被她说得妙趣横生!

后来我读到一些有关儿童性格成长类的书,当给予一个儿童他最看重的东西时,比如尊敬、控制权利或者关心等,他的成长发展往往会变得更好。我这才意识到培养孩子自尊心的诀窍是什么。

积极健康的自尊心是一个孩子身上穿着的"铠甲",可以应对日常生活中的各种挑战。如果儿童自我感觉良好的话,在经历竞争的过程中,面对冲突和抵制消极压力时,似乎他会显得相对胸有成竹一些。然而,那些在人生早期就形成消极观念的孩子,往往会活得忧心忡忡,仿佛头顶上的玻璃天花板随时会破裂。正如新西兰著名心理学家兼儿童教育家劳顿·金所说:"一个人一旦形成了某种自我认知,那么就很难再改变,并且这种自我认知或许会限制他在学业和生活两方面的能力的发展。"

家长角色的真正意义在于成为一个鼓励者,即在帮助女儿长大成人的过程中,培养出女儿健康的情感能力。在智慧和心灵两方面帮助女儿积累可利用的充足的资源,能够使她在这个世界上快乐而自信地生活下去。那么,这些资源究竟是什么呢?

那就是女孩心中最深层次的一些基本疑问——"我可爱吗？""我是否被他人接纳？"这些资源能够让她得到一个肯定的答案，使她产生归属感，让她觉得别人愿意倾听她的心声。换句话说，这些资源包括受到众人的关心，得到来自家庭和朋友们的认可，以及形成对个人成就和性格感到自豪的自信心。

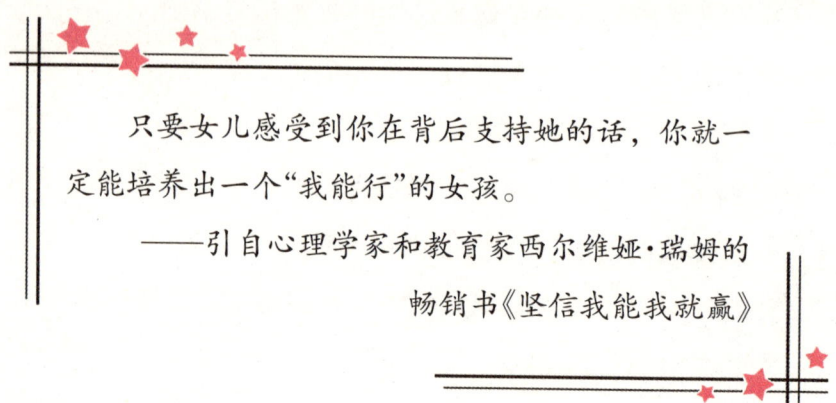

只要女儿感受到你在背后支持她的话，你就一定能培养出一个"我能行"的女孩。
——引自心理学家和教育家西尔维娅·瑞姆的畅销书《坚信我能我就赢》

父母应投入时间和精力关心孩子们，确保他们在未来遇到人生重大事件时具备可以从容应对的必备生存技能。对女孩来说，这意味着要确保她的生活中有一些爱她并能提供建议的亲朋好友，要为她创造一个可以依赖的社交圈，让她勇于探索这个世界，并明白始终有一个可以让她"疗伤"的避难所——在那里，她可以明白一些真知灼见并学到技巧。

帮助女儿诠释她遇到的问题

我有一个精神科医生朋友，他认为他诊疗的所有成年患者，如果

4 女孩的自尊

在他们年少时他们的父母能够每天晚上坐在床边跟他们聊聊当天所遇到的事情的话,那么他工作量中的90%都是多余的。你可以试着就某个大人的优点和缺点,让你的女儿谈谈她的看法。儿童善于观察但缺乏理解能力,他会在意别人说的观点,并根据别人对他的评价形成自己的性格特点。你的女儿无需每时每刻得到你的关注,但你要让她明白,在任何时候,只要她愿意向你吐露心声,你都会抽出时间倾听她的诉说,这一点至关重要。你可以这样问她:"今天遇到了什么好事吗?"或者:"今天你碰到的最幸运事情是什么呢?"你应该主动与女儿聊天,以成年人看待问题的视角,帮助她诠释每天所遇到的事情,这样或许可以改变她已形成的任何错误结论。

我的妻子玛丽说她还是个孩子时,经常因为觉得自己做了错事而彻夜不眠,当有大人帮她正确分析了事情的来龙去脉后,她才会消除自己的错误想法,让她从恐惧感中走出来。我的一个朋友也跟我说过,她曾在少女时期极度抑郁过,直到后来有一个辅导员帮她找到了抑郁的根源,她才得到解脱。因为她5岁时形成过一个错误的结论:如果她表现好并日日祈祷的话,世界上所有饥饿的儿童就将不再挨饿。故事听起来似乎有些荒谬,但是有力地说明了女儿需要大人来诠释她遇到的问题是多么重要。

> 每天晚上跟你的女儿聊聊吧,用聊天的方式结束一天的生活,让她说说一天当中最为有趣的事,然后你也跟她分享一件自己认为值得一说的事。

感到深深地被爱;明白你很在乎她,并被当作家庭中被珍视的一员;有疼爱她的大人向她解释别人对她的价值观做出的评论并不是事实——懂得这些,便是女儿自我认可的开始。

因此,通过帮助你的女儿理解这个世界,你可以向她传递这样的信息:你要培养的是她人生的意义感和强大的内心。你要向她灌输一种难以捕捉的优秀品质,我们称之为自尊。如果没有关爱她的大人帮助她正确诠释生活,没有哪一个女孩可以自行产生积极健康的归属感,并被这个世界所接纳。假如对观察到的事物,女孩缺乏深入的理解,她就会形成错误的个人见解。只有爱她的大人才会向她提供成年人的智慧视角,帮助她全面透彻地看待问题,让与她年龄相符的种种期望得以实现。

充满爱的父母会教他们的女儿懂得这些道理:

- 所有的问题都是能够得到解决的;
- 犯错误没什么大不了,尤其当你还在学习的过程中;
- 你完全可以自己思考问题;
- 你的想法和言论可以影响他人。

爸爸可以这样对女儿说:"孩子,你能不能帮我打开那个门闩,因为只有你的小手才能伸进去,而且你也非常擅长做这件事。"或者这样说:"你能不能在电脑上演示给我看,在脸谱网站上发帖是怎样发的啊?"或者当女儿独自修好自行车脱链时你这样说:"你让我对你不得不刮目相看啊!"这样,女儿就会慢慢建立自信心,并形成较强的自尊心。

在生活中疲于挣扎的一类人往往缺乏一种动力——那种精神上和情感上的力量,而这种力量是由爱他的父母从小培养出来的。这类人不仅不具备与他人和睦相处的能力，或者拥有处理个人情感的技巧，而且也没有从父母身上学到能让自己振作起来的方法。有个女孩对我说过这样一件事，她在读大学期间参加一次重要的考试时，突然她的头脑变成了一片空白。当她开始惊慌失措时，忽然想起了多年前爸爸说过的话："你有一个聪明的头脑，苏西。"随即她放松了心情，回忆起学过的知识，并顺利完成了那次考试。

事实证明，如果女儿感到自己有信心尝试做好某事，她就不会受到因自我怀疑而产生的负面影响。

如果一个女孩——哪怕是一个天性腼腆的女孩——得到父母的正确引导，那么她就会充满信心地去寻求自己需要的一切。

关怀，是一种恰当的教养方式

最近我们到一个朋友的度假小屋去拜访这位朋友，刚巧，碰到他们家正在为小侄女举办生日聚会。朋友的5岁小侄女面带笑容，平静地看着她的堂兄堂姐将我们拉到房屋外面，向我们展示他们为庆祝小寿星的生日亲手制作的一面"生日旗帜"，并爬到树上悬挂起来。朋友家的家庭传统是，每个孩子过生日时都将得到一面特制的旗帜，上面不仅写有寿星的名字，而且是用特殊的颜料制作而成，这面旗帜会在寿星生日当天悬挂在门前的草坪上。如果生日聚会是在堂兄堂姐家的度假小屋举行，旗帜就会被悬挂在树上。阳光房里摆满了各式各样包装精美的生日礼物，以及早餐未吃完的食物。几位母亲则聚集在度假小木屋的另一处，为5岁小寿星准备她最喜欢吃的晚餐甜点。我相信,在这样的环境中成长起来的小姑娘,将来一定会具备积极健康的人生价值观。

在女儿的生活中,你要确保给予她积极充分的关怀。如果你看见她做对了事,就应该及时加以表扬,甚至可以停下手中的事情上前热情地拥抱她一下,她会深受鼓舞。你要善于发现女儿做对的事,即使她没做什么,但她和别人进行了商量,你就可以表扬她的团队合作精神,促使她能够与他人充分合作。

记住,为了引起父母的关注,孩子有时会刻意做出某些事情,哪怕是坏事,她也毫不在乎。因此,你必须采取主动,并积极肯定她做出的好的行为。

在对诺贝尔文学奖获得者托尼·莫瑞森的一次采访中,这位获奖者被问及为什么她能成为一名了不起的大作家,是她读过许许多多的书,还是有着什么秘密的写作方法。莫瑞森听完笑着回答:"哦,不,那些都不是让我成为一名大作家的原因。我之所以能够成为一名大作家,是因为在我还是小女孩时,每当我走进父亲所在的房间,他的眼睛总会因为我的到来而光芒四射。"

"这就是我能够成为一名大作家的真正原因,别无他因。"

——摘自唐纳德·米勒的著作《拥抱神的爱》

女孩该如何塑造个人形象

当前一代的女孩在上小学期间往往对自己充满自信,并自我感觉良好——但当她踏入大学的校门时,这种自信心常常会逐渐消散。

今天,成长中的小女孩可能会踢足球,喜欢烹饪,爱爬树,好打扮,喜欢骑马,爱玩洋娃娃或者搭城堡,似乎穿着紧身衣的女性模特或老套的成人期望对她没有丝毫影响。然而,让现代小女孩感到困惑的是,当她成长到十一二岁时,往往会丧失自信并变成一个完全不同的"自我主义者"。她开始对别人如何看待自己,以及身材苗条才是美的社会文化,似乎突然间产生了意识,然后在各个方面开始重新塑造自己,把自己改变成她认为可被别人接纳的那种个人形象。一旦女儿处于这个阶段,我们的家长就需要引起特别的警惕。

要确保你的女儿始终心怀梦想,维持对梦想的激情或兴趣,让她对有着各种可能性的未来生活充满热情。

女孩在塑造个人形象时,应注重个人的行为和品质,而绝不仅是她的外貌——如果女孩在进入青春期时只具备一副好长相的话,那么她将一事无成。乔娜·迪克博士在她的著作《女孩本色》一书中提出,女孩自尊的树立,应该基于她所做的事情:如参加体育运动,参加创造性的活动,以及参加心灵沟通活动。

1. 参加体育运动

女孩可参与的体育运动可谓种类繁多。从早期开始就可安排女儿参加一些体育运动,可以立一条家规,确保户外体育运动和静止类娱乐(如阅读、看电视等)活动的时间同样多。可以组织家庭成员打一场板球比赛,或带着孩子一起去户外野营,也可教你的女儿如何投篮入网,要鼓励她积极参加体育运动并享受其中的乐趣。

当我们家的孩子们还小时,每天晚餐后,我们会在客厅里举行家庭体育比赛,这是我们的家庭常规生活的一部分。为了让女儿偶尔也能赢得比赛,有时候我们在吹响比赛开始的哨子时,会故意扯住儿子的睡裤,阻碍儿子得分!非正式的家庭活动带来的无穷乐趣,有助于树立女儿的自信心。但当女儿长大一点时,你应该替她报名参加正规的体育运动队。作为家人,你应该积极支持她参加体育运动。

女孩积极参加体育运动,有助于发展她的组织能力、解决问题的能力和身体协调的能力。体育运动增加了她的自信心和竞争力,团队活动也使她融入了一个健康的社交群体。令人遗憾的是,进入高中阶段后,很多女孩最终放弃了原先爱好的体育运动。这或许因为她认为自己在体育运动方面表现得不够出色,或许因为她在运动团队中没有结识到好朋友。

让你的女儿在运动队中坚持参加体育运动,这一点非常重要。除了让她学会获胜和大度接受失败的能力外,还可锻炼她的竞技技能,以及形成归属感和团队荣誉感,这些能力有着重要的意义。如果你的女儿在体育运动团队中与队友培养出了不同寻常的友谊,那么倘若她的其他朋友圈里的友谊一旦消失时,就不至于使她陷入孤立当中。

可以立一个家规,要求你家的每个孩子在每一个季节都必须参加一项体育运动。让他们自由选择与年龄相符的一项体育运动,但必须保证运动要坚持到每个季节结束。积极参加体育运动的另一个好处是,会让你的女儿将注意力聚焦在健康饮食和保证充足睡眠两方面。所有这一切,都有助于她顺利地度过跌宕起伏的青春期。

家长应承诺和女儿一起参加某项体育运动。我认识一位父亲,为了保持匀称身材而请求女儿跟他一起参加马拉松赛跑。这是帮助女儿摆脱静止类娱乐活动的一剂催化剂,最终他的女儿却因此变成了一名长跑运动健将。

实用技巧

鉴于女孩有着特殊的生理结构,如果她能保持有规律的体育运动,那么她在人际关系、身体健康和情绪稳定性方面都会表现得更佳。

在很多方面,女孩的情感健康与饮食方式紧密相连。现在的研究结果表明,体育运动有助于女孩预防抑郁和降低其他精神症状出现的可能性。

吃"垃圾食品"会造成体重增加,这一点女孩比男孩更易受到影响。因为女性的身体特征,往往更容易将吃下的食物转化成脂肪,而男孩身体的特征则倾向于将吃下的食物转变成肌肉。女孩会将热能储存在体内,而男孩则会将热能通过运动等方式释放出来。因此,家庭生活中健康的饮食十分重要——应食用大量的水果、蔬菜和谷物,并将脂肪和糖类的食用量降至最低。

2. 参加创造性的活动

创造性的活动包括写作、跳舞、唱歌、手工制作等，这些活动都是值得鼓励孩子去参加的。亲手制作明信片寄给亲朋好友，或者在家庭音乐会上让孩子即兴演奏一曲，类似这样的活动有助于让孩子感受到个人价值的重要性。当女儿感到她有"进步"时，了解她在某方面的擅长的话，会极大地增强女儿的自尊心。

如果你的女儿在上中学之前，已经学习了几年的音乐、舞蹈或者戏剧，那么她便会开始塑造一种自我形象，希望别人将她视为——"小提琴手艾玛"或者"舞蹈家詹妮"。每个孩子都有着某种天赋或能力，一旦将这种能力加以开发，她就能变得出类拔萃。这种能力也许存在于艺术、学术或者体育运动方面，也可以是擅长交友或者拥有逗人开心的能力。

早在小学期间就应该开始为你的女儿培养各种技能。你应该进行各种不同的尝试。你喜爱诗歌，并不代表女儿也想追随你的兴趣爱好，一同喜爱诗歌。你喜欢的音乐风格或许对女儿来说毫无吸引力，因此，你应该向女儿推荐其他一些兴趣爱好，比如绘画或者舞蹈。在孩子成长的早期，你可能会得到一些关于女儿究竟有哪种天赋的线索，但在弄清楚之前，你应该提供各种机会让女儿尝试做不同的事情。请记住：每个孩子都有着某种天赋，只不过他的天赋往往以某种形式被隐藏了起来，不易识别。

3. 参加心灵沟通活动

　　心灵沟通活动指的是家庭保持的传统活动，以及其他团体社交类活动。心灵沟通活动有助于培养孩子与他人建立心灵沟通和归属感。如果你想要营造一个温馨家庭并帮助女儿获得成功的话，那么一起围坐在餐桌前享用家庭餐，绝对是一个不需要协商的最为常规的家庭活动。

　　家庭传统可以形成一种家庭文化，能够创造出一种"我们总是这样做"的自信和认同感。青少年若是不常参加有益健康的家庭常规活动或传统活动，往往就会加入不良团体，或者通过网络寻找虚幻的归属感。

　　如果你的家庭还没有共享的传统活动，那么就从你孩子这一代开始，创立一些家庭传统活动吧。例如可以将每周五晚上设立为"家庭比萨之夜"，并进行画图猜谜游戏；或者可以定期安排全家人一起观看DVD影碟和吃中餐的传统。

　　家庭成员的生日、圣诞节、结婚纪念日，还有孩子学期末的时候，都是进行家庭传统活动的好机会。我认识的一个家庭，他们将每周三设立为"新奇星期三"。他们家的5岁女儿从校车上一跳下来就会问："今天是'新奇星期三'吗？"因为她知道每当周三到来时，她家就会跟平常不同，周三的晚餐总是充满惊喜——有时会按从后到前的顺序上菜，有时会在燃烧着旺火的壁炉前享用大餐，有时会用捉迷藏的方式"寻找晚餐"，有时还会以正式晚宴的形式要求每个人按照就餐礼仪就餐。

而在我们家,我们会在家庭成员过生日时发表祝贺词,通常是在家庭成员生日聚餐时进行,规则是要求每个成员对过生日的寿星真心地说一些积极肯定的称赞之词。兄弟姐妹间并不常会彼此相互肯定,因此我们每次都会要求每个人发表如何看待兄弟姐妹或孩子的赞美之词。这是树立自尊心的一个好办法——不仅对被赞美的人来说如此,对练习公开(哪怕只是在家庭范围内)称赞别人的人来说,也是很有帮助的。

最近,有一位少女跟我说了她们家的生日传统活动。每当她对自己感到不够自信或者不能完全被同龄人接纳的时候,家庭传统活动便成为她的真正精神支柱。在生日到来的前夕,全家人会悄悄地为生日寿星制作一条横幅,悬挂在客厅里。生日的那天早晨,全家人会和爸爸妈妈一起跳到寿星的床上,一起拆生日礼物,然后除了寿星外的每个人都会去厨房。当其他家庭成员再依次回到寿星的卧室时,他们的手中都端着早餐托盘,盘中放着一个水果蛋糕,蛋糕上插着不同形状的生日蜡烛!

实用技巧

"各种形式的活动和家庭传统能够营造出一种有意义的人生。"乔娜·迪克博士在《女孩本色》一书中这样写道。这些活动在更大的范围内为女孩提供了友谊群体。如果女孩在上高中之前就培养出了体育运动爱好(如舞蹈、击剑等)和创造性活动的爱好(如戏剧、园艺、写作等),那么她塑造的个人形象更可能源于这些行为活动和由此培养出来的优秀品质,而绝不仅仅是苗条的身材和时髦的打扮。

如何让女儿产生自我价值感

开展了多年的自尊运动让我们要告诉孩子们,不论在何种情况下,都要对自己有信心。然而,目前有很多专家认为,培养自尊心的关键不在于有良好的自我感觉,而在于个人的实际行动中。

面对诸多挑战并需要克服各种困难时,你应该教育孩子的关键是持有一个坚持不懈的态度。"我能做得到"的心态,应该由父母灌输给孩子,这有助于帮助孩子正确地理解失败并在竞争中不断地变得成熟。

当孩子的表现没有能够达到我们的期望时,为了让孩子感觉好受一点,有时结果明明很差,我们也会违心地告诉她结果还行。与其说这样违心的安慰之语,倒不如借此良机来纠正她面对失败的消极方式。

孩子可能会对自己说:"我就是一个笨蛋!"或者:"我没有做过一件正确的事情。"这样的自言自语会助长她的消极情绪和放弃心理。作为家长,你应该理解女儿的感受,你可以这样告诉她:当你七岁时你会觉得任务很艰巨,但当你成长到九岁时,你一定能够像姐姐那样出色地完成任务。现在你需要去做的,只是多加练习而已。

家庭行动

让女儿产生自我价值感的秘诀

☑ 当你的女儿走进房间时,确保你的眼睛里总是闪烁着高兴的光芒。每个孩子都渴望感受到自己受父母欢迎的感觉。令人悲哀的是,我们往往看见孩子时,首先说的做的都是纠正她的错误和批评她的事情,然后才会表达我们的喜悦和欢迎。因此,改变一下先后顺序吧——首先表现你的喜悦之情,在你忙其他事情之前,享受一下她的陪伴,并让女儿从一开始就有个快乐的心情。

☑ 每天晚上在女儿睡觉前坐在她的床上,和她聊聊一天的生活经历,问问她一天中最开心的事是什么,或者最"糟糕"的事是什么。

☑ 有时可以问问她一天中最开心的三件事是什么。这些最开心的事情对你来说或许有点匪夷所思,并不是你所期待的,但它们会让你了解女儿究竟心里是怎么想的,这一点很重要。

☑ 为她诠释那些影响她情绪的、消极负面的"个人遭遇"。

☑ 有意识地使用表示关爱的词语:"你所有的努力都

会有回报。""我几乎无法相信我听到的这一切。""跟你在一起太有趣了,你让我的生活变得丰富多彩。"

☑ 对她获得的成就加以鼓励。可以用些夸张之词来鼓励。

☑ 当她成长到八九岁时,送她一本励志类的书。

☑ 你应该在家中营造一种表扬好事的文化氛围,每周进行一次表扬庆祝活动。这个活动可以成为你家的"颁奖典礼"。这是对家庭成员予以肯定的一种方式,其他成员对获奖的人要鼓掌欢呼,表示祝贺。

☑ 家庭颁奖的理由可以是:出色地完成家务;一个微不足道的善举;考试得了高分;赢得了一场比赛;或者获得一个小小的成就,如完成了学校规定的一个学习项目。可以用奖券或者一块巧克力作为奖品。在颁奖之前,还可以请某个家庭成员做虚拟的击鼓或者吹喇叭的庆祝表演。

☑ 当某个家庭成员做了值得庆贺的事情时,可以授予此人使用红色餐盘吃饭的优待特权。

多表扬女儿,给她贴上"正面标签"

表扬和鼓励女儿,就跟她每天必须吃三顿饭一样重要。表扬可以让她树立自信心,让她明白自己被他人爱和珍惜。表扬起到的作用意义深远,但如果女儿不值得表扬的时候而滥施表扬,只会适得其反。

只有当你的女儿做了真正值得表扬的事情时,才应毫不吝惜地加以表扬。

当然,我们爱女儿不仅仅因为她是我们的孩子,我们还需要每天教导她,学会称赞他人获得的成就同样重要,但绝不要空洞地滥施表扬。试比较一下这两句赞美之词:"你是一个多么了不起的歌手啊!""我喜欢你唱歌的方式,你将自己的真情都融入到了歌声中。"两者所产生的效果截然不同,后者诚恳、真切,能让人引起共鸣。

当女儿做了值得称赞的事情时,你应该针对具体的细节加以表扬,千万不要用空洞的泛泛之词进行称赞,比如"你很棒"这类的话。要针对她的特殊的优点加以具体的表扬,比如可以说:"嗨,你弹奏的钢琴曲很动听,跟你的老师弹的一模一样。在看到你之前,我还以为是你的老师在弹呢。"或者说:"今天你带弟弟一起玩游戏的方式,我十分欣赏。就应该这样友善地对待他人,懂得帮助他人。你周围的人有你这样的朋友实在是太幸运了。"

实用技巧

★ 表扬你的女儿,这会让她一天都心情愉悦。
★ 教她学会喜欢自己,你便使她具备了面对人生的能力。

表扬固然重要,但必须恰当适度。如果一个孩子时时刻刻受到表扬,那么他就会产生依赖性,以后只有受到表扬他的行为举止才正常。研究表明,适度表扬孩子的家长最具有管教效力。甚至连小孩子自己也知道,经常表扬是一种调控手段,过度表扬会让一个孩子缺乏安全感而感到害怕,以致一旦缺少一贯受到的表扬,孩子就无法像过去那样正常地表现自己。当大人称赞孩子时,有些孩子会备感压力,为了得到大人的认可,他们明白自己必须做出某种成就才行。

可以这样设想一下:你要求女儿去收拾自己的房间,可是过了一段时间,你走进她的卧室去检查,发现她根本还没开始收拾,正躺在地板上翻阅她的小马剪贴簿。这时如果你对她说"干得实在太棒了,但是你很擅长收拾房间嘛",女儿一定会想"妈妈真是够笨的"、"妈妈简直是个瞎子",甚至认为"妈妈的表扬一点价值都没有"。如此一来,你就把一个最具潜力的"鼓励工具"弄得一文不值。

然而,鼓励是让孩子建立自尊心的重要一步。因此,只有当孩子做了值得赞扬的事情,哪怕是很小的一件事情,都要给予表扬。但如果实际发生的情况并不适合表扬时,那就不要表扬,而应采取其他鼓励的方式。

有些家长认为,有时候他们不但不能表扬孩子,而且还必须批评孩子。千万不要这样做!如果你们不能表扬孩子,那就可以采取鼓励的方式。对于上面提到的情景,一个更好的母亲或许应该这样说:"嗨,看得出你已经开始准备收拾房间了,我看到一小块地面已经腾空,不过我觉得这些睡衣需要叠放在枕头下面,那些书需要收到书架上去,还有那些 CD 片也应该收到 CD 架上去。五分钟后我会再来检查,我知道到时候你一定会收拾得干干净净。"

表扬和鼓励女儿的方式有多种。例如,你可以将一个任务分割成许多个小部分,让每个小部分变得更加具体明确,这是让女儿跟你合作的好办法。如果她仅仅正确地完成了这个任务中的一小部分,就对她为完成这一小部分任务而付出的努力加以表扬,同时提醒她还有未完成的部分,需要继续努力。如果她只朝着目标方向前进了一小步,那么就对她前进的这一小步表示祝贺。

让女儿自己学会判断安危

个人价值得到父亲的认可,对于每个青春期女孩来说显得很重要。仿佛父亲关于女儿的价值所形成的看法,给女儿提供了一个衡量自己行为的标准,甚至能够影响她对未来伴侣的选择。

不少青少年研究学者发现了这样一个现象:女儿从父亲身上感受到的温暖和平等,与女儿的自尊心之间存在着显著的紧密关联,其关联的紧密性远比母亲带给女儿的自尊心来得明显。

父亲往往对女儿寄予更高的期望,但尽管如此,他同样希望女儿有自己的想法。他会教女儿学习辨别能力,如何进行风险评估,以及自己承担后果。英国的《每日邮报》曾经刊登过某女子独立学校校长罗伯特·约翰斯顿的一段话:"学校应该许可女孩们有可能擦破膝盖的机会,以帮助她们学会如何机智地应对危险,使她们长大后不会产生这样的错误想法:'被许可的事就一定是安全的。'而应该让女孩学会根据个人直觉做出自己的判断。"学会在危险中生存,是我们正在丧失的一种必要技能。成长在当代的所有女孩,将来既可能成为警察,也可以参军,那时一定会有各种规章制度来保护她们,但这些规章制度就一定能保证她们的人身安全吗?因此,从小学会自己判断安危,正是我们的家长要教会女儿的东西。

在一次演讲大会上,这位女子独立学校的校长说:有些人常以"健康和安全"为借口,禁止女孩参加户外运动,比如皮划艇运动、户外野营活动等。而我们的女子学校坐落在一片广阔的绿地之中,作为校长,我允许女生们"在楼梯扶手上滑滑梯",还允许她们"夜晚摸黑进树林"。如果你将所有的风险彻底消除,那么你同样也抹去了女孩们的风险意识。

因此,我们建议所有的父亲在"测试女孩的勇气"这类活动中应扮演一个积极的角色——如今这种活动是十分流行和有必要的。

树立健康的自尊心,女孩需要什么?

★ 被鼓励积极为家庭献出一份绵薄之力,并因此受到家人的赏识。

★ 能够表达自己的见解,即便她的观点与父母的观点有分歧也无妨。

★ 允许她犯错误,并从错误中吸取教训和经验。

★ 被认可具有某种特别的天赋。

★ 因真实的自我而被爱和珍视——而不是因为她所做的事情,或是与他人比较之后的结果。

★ 成为父母关注的对象,明白父母随时随地愿意聆听她的倾诉。

培养女儿的自尊心,家长们需要做什么?

☑ 理解女儿的天性,让她感受到自己被接纳。

☑ 鼓励她,让她感觉到自己得到了亲朋好友的认可,并为自己获得的成就感到无比自豪。

☑ 帮助她自始至终对未来心怀梦想。

☑ 鼓励她积极参加体育运动,这有助于培养她的各种生存技能和自信心,并形成另外一个社交圈。

☑ 教她如何与他人进行心灵沟通,并产生一种归属感。

☑ 给予她恰当适度的表扬。你发自内心的欣赏,以及对她"做对"事情及时给予表扬,会让你的女儿懂得如何肯定自己,因为她明白这些表扬不仅恰如其分,而且实至名归。

5 女孩易受女性文化的影响

nü hai yi shou nü xing wen hua de ying xiang

我们要注重的是一个人的人品,而不是他的外表,我们要教女儿学会接受一个真实的自己。如果我们发现她的美在于她的个性魅力,那么我们就走上了一条正确教养女儿的道路,而不受"注重形象"的错误文化模式的影响。

> 我们当中育有女儿的家长们,特别是在女儿正承受巨大心理压力的青春期前这个阶段,我们尤其应该关注当前社会文化中普遍存在的一种过度刺激和高压现象。与一百年前的社会相比,现在越来越多的青春期早期少女被社会现象过度刺激。在承受社会不断向她们施加压力的同时,她们却没有得到家庭和社会应提供的安全补偿。
>
> ——引自迈克尔·古里安的著作《奇妙女孩》

在当今的社会文化中,对女孩来说尽管存在着许多积极因素,但同时也存在着很多负面影响,只要稍不注意,就足以毁掉女孩的自信心。不错,男孩能做的事女孩同样可以做,甚至有人觉得现在的世界就是一个属于女孩的世界。然而,社会变革并不一定能保护女孩的"天性",而似乎仅仅关注她们的形象和成就,有时甚至会为此牺牲人类的天性——思考、娱乐和享受人际交往。

女孩对社会文化十分敏感,如果与社会文化严重脱节的话,她会深感不安。可以这么说,一个女孩能感受到的最大恐惧,就是自己受到排挤而变得孤立。

我们当代的社会文化,对女孩的外貌要求非常苛刻,这种文化对女孩来说有百害而无一利。翻开任何一本少女或女性杂志,你便能找到有关外貌、人际关系或饮食方面的各种小测试,所有这些测试基本

5 女孩易受女性文化的影响

上都会问:"你符合正常标准吗?"对女孩来说,用这种浅薄的方式测试她们是相当残酷的,这无疑是利用了她们的恐惧心理,即她们是否被当代的社会文化所接纳,从而向她们推销各自的商品。

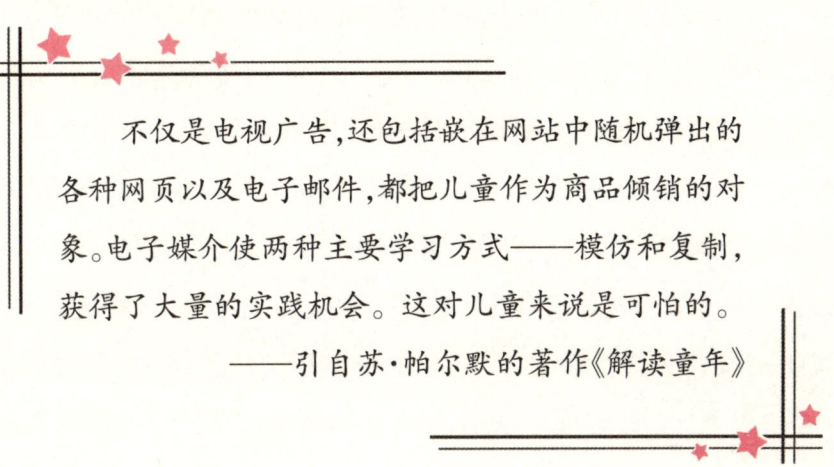

不仅是电视广告,还包括嵌在网站中随机弹出的各种网页以及电子邮件,都把儿童作为商品倾销的对象。电子媒介使两种主要学习方式——模仿和复制,获得了大量的实践机会。这对儿童来说是可怕的。
——引自苏·帕尔默的著作《解读童年》

家长面临的诸多挑战

以前,传统一点的父母或年长的女性会向他们的女儿介绍时下的社会文化。不幸的是,如今的家长们却需要保护他们的女儿尽可能不受时下社会文化的影响。换句话说,家长们需要教会女儿如何明智地看待当前的社会文化。我们必须先入为主,在家庭中形成一个与社会文化截然不同的家庭文化,来抵御大众媒体过度渲染的各类信息。

但这并不意味着我们要阻止女儿在成长的过程中丧失个性和优雅仪态,丢掉她自己的独特之美。她完全可以学习如何有创造性地打扮自己,凭借个人眼光和自信心选择如何着装。但我们需要明确一点，允许女儿这样做的理由，绝不能是物质享受的欲望驱动。

　　我们要注重的是一个人的人品，而不是他的外表，我们要教女儿学会接受一个真实的自己。如果我们发现她的美在于她的个性魅力，那么我们就走上了一条正确教养女儿的道路，而不受"注重形象"的错误文化模式的影响。我认识一位年轻女士，她生来就没有身材纤细的基因，即便在她少女时期也是如此。她感慨地说："当我在十二三岁时……你知道，当你真的对自己的身材完全没有信心时，心里的每个角落都充满了自卑感，何况那时我的脸上还长了青春痘。每当我盛装打扮出门时，爸爸就会'假装'开电扇，吹散掉我的妆容（爸爸是想让我明白没有必要伪装自己）。如今回想起这件事，我才突然意识到在那段'艰难'时期，信心对我来说有多么重要。爸爸的态度使我能够更加积极地看待自己。"

　　在女儿成长的早期，父母应该杜绝世俗文化对她的影响。女孩不能只注重身材苗条、美丽和性感。你持有的价值观将会被女儿接受。如果你看重的是她内在的品质而不是她的外表，是她的"心灵美"，那么她也会看重自己和他人的内在优秀品质，从而不会在塑造个人形象时只注重身材。

　　模仿有益健康的生活方式不仅重要而且十分有效，女孩应该学会照顾自己，注重仪表并健身。女孩不能依赖镜子，镜子有时会欺骗我们，使我们对自己产生不满情绪，从而追求所谓的"偶像"形象。

　　所有的父母亲都应该特别留意你们自己的言论，即便是随口说说的话，有时也可能被女儿误解为指出她的无能。养育女儿，父母亲负有很大的责任，有时我们家长甚至需要对个人的自言自语也总结、

5 女孩易受女性文化的影响

反省一下。你的哪些自言自语过于消极了？我们应该如何看待自己？作为一个母亲，如果你经常为自己的体重或穿戴苦恼的话，那么你就会把这些潜意识里的有关信息传递给女儿。又因为她爱你，所以她就会想要变得像你一样。

当你女儿的朋友们来家里玩时，你要向女儿展示你看重的是她朋友们的人品。肯定女儿那些朋友们的内在优秀品质而不是外表，那么你的女儿就会主动模仿这些品质。举例来说，如果你说："我们真心欢迎凯蒂到我们家来玩……哇哦，她有一头多漂亮的金色鬈发啊！"而你女儿却没有，她只有一头深褐色的直发，那么将来有一天，你女儿或许会亲自把头发染成金色。但是，如果你肯定的是凯蒂的人品，比如称赞她特别乐意助人，或者懂礼貌，或者要求得到某样东西时做得很得体，你就会让女儿明白，这些品质才是真正值得珍视的东西。

你应该建立自己的值得信赖的朋友圈，并做出一个好榜样，让女儿明白你珍视朋友们的是什么——他们的活力，他们热爱生活的态度，他们的兴趣和创造力，而不是他们的外貌、身材或者他们的穿着打扮。

> 通过对生活中的艺术、体育、大自然风光的丰富体验，我们可以培养女儿更加广泛的审美能力。
> ——儿童心理咨询顾问萨莉·杰克斯

如何抵制"流行文化"的影响

最近,澳大利亚的一个"女性论坛"机构拍摄了一部名叫《伪装》的电视纪录片。影片用大量事实证明了社会文化给少女们带来的不可忽视的负面影响。在这部纪录片里,饮食失调、自虐、个人形象的怪异追求、学业失败,这些问题在少女当中不断发生,同时,一些意志消沉的女孩很容易受那些所谓的"代表主流文化"的各类杂志的影响。正如影片的旁白中讲到的那样:"少女们不再看重她们真正的天赋,而是担心她们的身材是否'火辣'、性感,或者是否有着傲人的丰胸。"

在这部纪录片里,年轻的女人们谈论的是她们如何受到各类时尚杂志、网络媒体和社会名人的影响。甚至有一些幼小的女孩,在电影中也流露出了她们对个人外表有着或多或少的不满。当还在上小学的女孩们翻阅各类时尚和美容杂志时,她们觉得这些杂志倡导的骨感美太让人激动了,从而进行节食减肥。这部纪录片的制作者提到了这样一个现象:大多数女孩都觉得自己过于肥胖,但实际上她们一点儿也不胖。甚至连一些十来岁的女孩也会向老师请教她们该如何节食减肥,这真是太荒唐了!十来岁的女孩正是长身体的时候,减肥的事情离她们远着呢,不需要她们操心。

然而,针对骨感美这个话题,最后24岁的比基尼泳装模特布鲁克却道出了实情。她说,杂志上刊登出的她的个人照片,其实都是用数码特效技术美化修整过的,有时候修整后的照片甚至连她自己都快认不出来了。用数码特效技术处理过的模特照片变得非常不真实,

5 女孩易受女性文化的影响

因此女孩们努力追求的骨感美实际上是不存在的。

> 你所拥有的美,不仅仅体现在你的身体上,更体现在你的头脑中。
>
> —— 儿童心理咨询顾问戴夫·里德尔

女孩天生渴望与人沟通。与家庭保持亲密的联系,在亲朋好友的大圈子里建立良好的人际关系,以及通过参加俱乐部、体育运动项目或青年团体,在社区形成人际交往圈,都将让她在不同的同心圆之间建立联通,并获得所需的归属感。

如何减轻营销人员带来的影响

各类营销人员对我们的孩子产生的影响绝不能被低估。他们对女孩们想要穿什么衣服,佩戴什么首饰,听哪支乐队的歌曲,以及参加哪些活动,都会产生深远的影响。所有的父母都应意识到,"荡妇文化"是一种彻头彻尾的毒药,但令人担忧的是,现在的营销人员却向少女们大肆推销各种带有性挑逗意味的服装,因此家长们绝不能对此视若无睹。我们有责任保护女儿的童年不受伤害,为她创造一个纯真而安全的童年。只有在这样的童年环境中,女儿才能健康快乐地成长。

英国的儿童教育咨询顾问苏·帕尔默在她的著作《解读童年》一书中罗列出了市场上销售的各类不适合小女孩玩的玩具:针对6岁女孩推出的布娃娃"神秘约会"套装,还赠送了两个香槟酒杯;针对小女孩推出的性感内衣,还包括全套美容美发用具。帕尔默解释了为何这类玩具能够导致"儿童早熟",因为这类玩具的营销策略就是基于"现在的儿童越来越早熟"这个观念。

  父母绝不应该变成"超级警察",并营造一种"什么都不可以"的家庭文化,而应该在清醒地意识到问题之后,巧妙地加以引导,使之回归正轨。这一点十分重要。最近,有一位聪慧的母亲通过电子邮件与我分享了她经历的一件事情,是她在一家泳衣店里如何成功地劝导女儿听从她的建议,买下了一款合适的泳衣。事情是这样的:她们全家人打算去日本富士山度假,而她13岁的女儿需要添置一件新泳衣。泳衣店的店员不停地向女儿推销一款性感暴露的比基尼泳衣。这位母亲认为她的女儿在度假时穿这种性感暴露的泳衣并不合适,便试图劝导她买一件适合她年龄的得体泳衣。显然这位母亲在很努力地对女儿进行劝说,但店员却不停地劝导女儿回到性感泳衣货架那边去挑选。正当这位母亲无计可施时,她忽然想起我演讲时曾经说过的一种方法,即遇到很棘手的情况时应该采用幽默的方式来应对。于是她灵机一动,面带笑容地对女儿说:"为什么咱母女俩不各买一件同款的泳衣呢?这样我俩就会像一对双胞胎姐妹啦!"猜猜结果如何?最终女儿没有选择那件性感暴露的泳衣,而是和母亲一起各买了一件同款的传统泳衣。这位母亲机智的临场表现让我备感欣慰。

  众多商业公司营造销售气氛,并倾销所谓的"流行文化"商品给青春期少女和年轻女性,他们想方设法地吸引小女孩们热衷于追求他们的各种性感生活用品。商业公司这样做的目的在于获得商品的销售市场,但使用性感生活用品带来的性早熟会给少女带来各种风险，其中之一就是少女会过度关注个人的身体形象和外表，有时会引起饮食失调，这对身体发育成长是极其不利的。

当女儿在很小的时候就喜欢穿着母亲的高跟鞋到处闲逛时，有些父母会忽略对这样的小事的关注，其实这是要引起注意的。女孩若是偏离了那些传统而又与她的年龄相适宜的游戏和活动，而把个人的注意力转移到身体形象和外表方面，就会使她出现饮食失调等问题。

在拍摄纪录片《伪装》时，制片人发现，很多研究表明，年龄为六七岁的小女孩们，她们现在关注的是自己的外表，尤其是体重，甚至在这么小的年龄，有些人就开始出现"饮食行为的失调"。而对年龄在9岁到12岁之间的女孩们进行的一项研究结果表明，有半数的女孩希望自己更瘦一些，但是医学统计表明，这个年龄的女孩只有15%的人是超出标准体重的。

还有一些证据显示，许多女孩现在正面临着严重的饮食失调问题，通常是厌食症，而且变得越来越低龄化。饮食失调的问题很难根治，有时对女孩来说甚至是致命的。医学专家和心理学家对此都特别重视，他们对饮食失调问题扩大化的趋势正进行着严密的监测。

父亲有机会"一票"否定"外貌文化"

有人针对十三四岁女孩的饮食习惯和行为，进行过一项非常有趣的观察研究。这项研究结果发表在新西兰政府主办的期刊《青春期健康》杂志上。文章指出，在很大程度上，父亲的饮食习惯以及他鼓励节食的观念，与女儿在饮食方面的行为（包括使用速效减肥方法减肥等)有着密切的相关性。

新西兰奥克兰大学进行过一项关于"父母行为对青春期女儿的饮食影响"的研究,结果表明,决定青春期女儿饮食行为的诸多因素中,父亲对女儿的影响是最为主要的影响。那些重视体重控制和外貌的父亲,他们的女儿更倾向于采取减肥措施——而这些女孩的父亲们,则百分之百地认为他们的女儿比理想标准的女孩要胖。

研究者们得出了一个结论:父亲如果坚信女孩的外貌和体重控制很重要,同时觉得女儿比理想标准的女孩要胖,那么就很有可能对女儿在看待自己的体型和减肥态度方面产生强烈的影响。

女孩与她的父亲之间建立的一种亲密关系,对她来说至关重要。就女孩潜意识里深受体重和减肥困扰的问题来说,父亲的肯定、慈爱的拥抱、鼓励她展现真实的自我,这些才是问题的最佳解药。

性早熟的另外一个风险,是会导致女孩受到性侵害。

性侵害未成年少女的人渣理应受到法律的惩治,这当然没错。但现实存在的一个风险是,女孩在公共场合暴露自己的性感形象,给那些人渣提供了机会。

就像纪录片《伪装》的制作者们所揭露的那样:"市场上有卖两岁女童穿的丁字裤泳装的,也有卖小女孩穿的钢管舞套装的,目的是误导她们为家人跳性感舞蹈,以赚取更多的零用钱。"市场上流行的布拉茨玩偶宝贝的生产厂家宣称:"这些玩偶宝贝懂得如何炫耀性感!就连小女孩甚至是女宝宝,也懂得炫耀什么!"

我们必须辨别这种世俗文化崇尚的是什么,并保护我们的女儿们不受这种文化的侵害。

5 女孩易受女性文化的影响

实用技巧——一个女孩在成长的过程中最需要的是什么？

女孩在成长的过程中需要的是一种安全感。她不仅需要自我感觉良好，还需要感受到个人的价值，她需要父母保护她不受"外貌文化"的侵蚀。

珍视你的女儿，她就能学会珍视自己。作为家长，我们的主要任务是帮助女儿在保证安全的前提下广交朋友，让她与朋友建立友谊，向她展示如何设立个人行为界限并加以遵守，教她学会辨别未来男朋友的人品。

我们在与人交往时要营造一种氛围，要为女儿建立丰富多彩的社交生活圈和有益健康的异性友谊提供可能性。最理想的状态是，我们能够在自己的人际交往过程中向她展示什么是真爱，忠诚的无穷魅力是怎样的，以及她该如何为自己的未来设立真正有价值的目标。

尽可能长久地留住女儿的童年

那么，你该如何帮助女儿，尽可能长久地留住她那天真无邪的童年呢？

家长要做的事情是为她提供一个安全港湾，让她远离世俗文化的影响。举办一些家庭活动可以"隔离"世俗文化对女儿的负面影响。

例如,举行假期户外野营活动,探望祖父母,与堂兄弟姐妹一起玩游戏,参与家庭传统庆祝活动,以及记家庭日志等,这些活动都会为你的女儿带来一个安全美好的童年。生日聚会可以办得简单一些,重点强调友谊和创造力。要尽量避免诱导女儿进行过于成人化的活动,或者进行与其年龄不相符的活动。

从一开始就要监管女儿可能接触到的各种媒介的内容。如果你规定女儿在学龄前阶段只能白天玩半个小时的电脑游戏,晚上不能玩电脑游戏,那么她就会明白电脑在她的生活中只是其中的一部分,而绝非占据主导的地位。有些家庭的电视机永远是开着的,研究人员认为,当前注意力缺陷症儿童的数量不断增多,跟家中永不关闭的电视机直接相关。你的女儿需要安静的空间,她需要进行有创造力的游戏活动,或者安静地读书,因此你要监管家中的生活环境。在你的社交圈里,你要当着女儿的面公开表明你对低俗的广告和杂志海报的态度。

如何使用电子信息产品

如果你女儿愿意的话,她可以用"发短信"的方式将你从她的生活中"隔离"开来。你要面临的挑战是与女儿之间建立信任的关系,虽然利用科技产品可以提高你们的生活质量,但你不能被她"隔离",更不应该借此控制她。

手机如今已成为人们普遍使用的通信工具,但它也能被用来欺凌他人,腼腆的女孩更容易比男孩受到手机短信的欺凌。因为女孩天性喜欢与人交往,她会对别人发来的欺凌短信,一而再再而三地予以回复。如果她接收了一条欺凌短信,她会好奇对方是谁,为什么有人会向自己发来如此恶意的短信。而男孩遇到这种情况时,通常会直接删除并认为对方是个"十足的笨蛋",但女孩会把这种中伤短信印在脑海里,一遍又一遍地回放,并尝试找到恶意短信背后的原因。

为了保护你的女儿,从她一开始使用手机时你就应该留心她手机里的内容。我们建议家长首先让女儿使用家庭共用手机,这样方便父母定期地检查来电显示和短信内容,帮助她正确处理任何带有恶意中伤性质的短信。当女儿想要一部属于自己的手机时,要求她先制订一个使用计划,让她了解使用手机需要支付的费用,如何管理,以及使用手机需要遵守的各种规则。

你在家中应培养一种家庭文化:看电视、打电话、使用电脑等,这些都是特权,而不是理所当然应享有的权利,你必须保留控制女儿使用特权的权利。你可以告诉女儿:"上网和打电话都是特权——特权的享受源自信任,而信任源自做事要正大光明。因此,我必须保留查看你上网和打电话的记录的权利。"换句话说,你就是要经常检查她浏览过的网址和聊天记录的内容。

青少年使用手机应遵循的礼仪

☑ 看电影、就餐以及睡觉期间,你必须关闭手机。

☑ 不要觉得你有义务必须立即回复他人的短信，你只要遵守你自己的行为界限就行了。同样，不要发抱怨短信作为回复。

☑ 当别人试图跟你说话时，你却在发短信或读短信，这是非常失礼的行为。与别人面对面交流时心不在焉，也是非常无礼的行为。

☑ 有些事情永远只能面对面地进行沟通，而不能通过手机交流。像"爱你""想你"这样简洁的表达方式出现在手机上也未尝不可，但常用这样过于简化有时甚至令人晦涩难懂的表达方式，就显得太过矫揉造作了。

使用传媒或科技产品要遵循的基本规则是什么？

首先，传媒不该是不可靠的或者是危险的。其次，科技产品只能是组成我们的均衡多彩的生活方式中的一小部分。均衡多彩的生活方式融合了大量的健身娱乐、阅读、干家务活、休息等内容。再则，要让你的女儿懂得家中有些事情永远具有"优先权"。比如，就餐时间具有高级优先权，因此就餐期间可以禁止任何传媒的干扰：电视、电脑必须关闭，饭桌上禁止玩手机。做家庭作业，干家务活，以及面对面地与客人交流，这些事情也都具有优先权。

这里为你提供了一个非常适用的管理模式，你可以告诉女儿："当你做完了该做的事情后，就可以做一些自己想做的其他事情。"

遇到不同的情况时，你可以对女儿说这样的话：

"是的，只要完成家庭作业，你就可以玩电脑。"

"等你洗完澡后,我就会放那部录像给你看。"

"直到用过下午茶以后,你才可以玩电脑,因为在这之前我需要你先完成几件事。"

让女儿远离网络危险

偶尔让学龄前的女儿上网看一看《我的小马驹》之类的影片,对她并没有什么不利,但这种娱乐方式不具备教她学习说话和思考的能力。有人认为,电子传媒潜在的最大危害是,儿童处在成长的关键阶段,这段时间本该用来学习与他人的交流,尤其是与父母的互动交流,然而却被浪费在各类电子传媒的娱乐上。

在没有指导或采取保护措施的情况下,放任你的女儿自由上网是极其危险的。

许多社交网站都存在欺骗行为,他们足以让被骗的少女的生活变得十分悲惨。

很多女孩不明智地与网友见面也是极其危险的。另外,一些女孩会使用父母的信用卡购买网络世界里的虚拟服装、虚拟房屋以及虚拟装备等,既浪费了家庭钱财,又没有让女孩学习到有用的东西,因此也是极其危险的一种现象。作为父母,必须保护你们的女儿远离网络危险。

对你女儿的上网行为做出必要的限制

☑ 家中的电脑应放置在可以被监控的公共区域。如果你家有不止一台电脑,那么请给其他电脑设置上网密码或者取消上网功能。卧室里禁止安置电视或电脑。

☑ 给电脑安装过滤软件或上网过滤器。

☑ 限制女儿可以浏览的网站。如果她想访问其他网站,你必须陪在左右,进行指导。在电脑里的"我的收藏夹"中设置允许她浏览的网站。

☑ 浏览社交网站时,只能允许她浏览安全的信息内容,并确保你女儿明白她能够阻止或举报粗鲁的甚至违法的行为。

☑ 设置女儿的个人社交网页,确保她只能浏览熟人的网页。让女儿给你看她的社交通信录,搞清楚通信录里的联系人究竟都是谁,并提醒女儿通信录里的所有联系人都可以浏览她在个人网页上所写的内容。

☑ 在女儿注册的社交网站上注册一个你自己的会员账号,那样你就可以通过浏览女儿以及她的朋友们的社交网页了解她的网络世界。

5 女孩易受女性文化的**影响**

- ☑ 你必须为女儿制定一个电视、电脑的家庭使用规则,然后提醒她:"牢记家庭规则!"比如,一次只有半个小时的上网时间,或者一周只有两次半个小时的上网时间。
- ☑ 与那些和你家有着相同价值观的家庭建立联系,让女儿形成一种感觉:我们家的家庭规则是大家都在遵循的规则。
- ☑ 可以让处于学龄阶段的女儿一起参与制定有关电脑和电视使用的家庭规则。

应该让女儿生活在父母给她营造的氛围中,而不是网络传媒主导的世界里。儿童有着令人难以置信的适应能力,并在其人生早期很容易受到各种负面因素的影响。当女儿处于纯真而易受伤害的阶段,任何未经过你允许的事情都不要让她接近。如果你能充分利用你的特权教导女儿学到未来人生用得着的正确价值观和智慧,那么你就必须特别警惕任何可能与之对立的错误价值观的影响。

传媒向你女儿展示的世界,其价值观或许与你崇尚的价值观截然不同。例如,传媒总是宣扬漂亮美貌的人拥有更多朋友,并容易获得成功。关于物质享受和性问题的种种价值观,也常常被传媒大肆宣扬,它们不仅在故事和歌词里随处可见,在各种广告里也屡见不鲜。这些价值观中有些是有害的,有些则是毫无价值的,因此作为家长,你必须予以抵制。某研究机构针对学龄前后的小孩子做的一项研究表明,这些孩子通过看动画片得到了一个共识:坏人说话总是很风趣,坏人在动画片里总是操着很有特点的口音。想一想吧,这是他们学到的一条多么"有用"的经验啊！

　　有时候，电视、影碟里传播的内容和形象是完全令人反感的。比如说，有人突然走进你家，在你女儿面前表现出那种令人反感的言行举止，这时你的想法是最好立即将此人赶出家门。同样，对于出现在电视里的那一类不速之客，你也千万不要容忍，要果断采取行动，立即关闭电机机。

在家庭成员面前对女性或女孩表示尊重

　　当你的品味和道德观念与一些电视节目宣传的内容产生冲突的时候，你千万不要觉得尴尬，而要果断采取行动。设想一下这样的场景：当母亲走进女儿的房间时，女儿正在看一部有过多身体暴露画面的音乐剧——屏幕上似乎即将出现少儿不宜的画面，这时母亲应该立即指出："作为一名女性，这个节目冒犯了我。请关了它或是调换到其他节目。"如果女儿反驳："这个节目没有那么低俗！"母亲可以这样反问："那好，你解释一下，什么才是低俗呢？"她就会仔细思考这个问题。若不想引起争论，母亲可以直接走过去调换电视频道。我的一位男同事说，作为一名父亲，他会跟女儿这么说："我努力地想要尊重女性，但总是说起来容易做起来难——请立即切换掉这个节目。"

　　当你与女儿进行沟通时，尤其当你在鉴赏力方面做出好榜样时，她很快就会明白你坚守的品味标准是怎样的。如果女儿看见你不仅监督她，而且还以身作则，那么你向她传递的正面信息就变得更加清晰且前后一致。

5 女孩易受女性文化的影响

美国著名教育家迈克尔·古里安在他的著作《奇妙女孩》一书中，讲述了他的8岁女儿在女性朋友家夜宿看《黑客帝国》电影的经历。这是他女儿第二次在这位朋友家夜宿看电影。作为一名心理学家和慈爱的父亲，古里安认为："在女儿大脑发育的初级阶段，这类电影的危害很大。"（他的女儿第一次在这位朋友家看的是暴力电影《木乃伊》。）

古里安与女儿的这位朋友的父母取得了联系，他们无法确定家中较年长的孩子在观看电影节目时，年纪较小的孩子是否会跟着一起看。尽管女儿表示抗议，说她很喜欢去这位朋友家玩，但从那以后她被禁止去朋友家夜宿，只能让她的好朋友来自己家夜宿。古里安觉得他像是一个恶魔一样，因为制定了这条粗暴的家规，但他明白这个决定是正确的，对女儿当前的大脑发育来说是合适的。迈克尔·古里安书中的原话是这样的："相对而言，故事（来自图书、电影和口述等形式的故事）世界是一个能让女儿漫无目的胡思乱想的世界。直到她的大脑在情感和道德方面充分发育成熟（大约到16岁）前，我们都应该有所选择地向她推荐一些'值得看'的故事。七八岁女孩的大脑还未发育成熟到足以将电影《黑客帝国》中的暴力行为和令人信服的道德融为一体，因此，这类电影对处于成长阶段的女孩来说，弊大于利。这个年龄段的女孩可以看的书籍和电影，应该是不会'损害想象力'的，不涉及侮辱人的性和暴力行为，并且应该暗含简单明了的道德观念。"

创造一种独特的家庭文化

现代科学技术可以把地球上来自不同地区的人们紧密地联系在一起，然而也能够让同处于一个房间里的人们彼此"拒之于千里之外"。现代网络媒体的十分"有趣"的特点之一是，它可以将家庭成员彼此屏蔽，使每个人都能追求自己的娱乐方式。我们这一代人假如被送回到20世纪60年代，只有一个频道的黑白电视机时代的话，那么全家人一定会坐在一起看电视。

如今的儿童不仅有属于他们的节目，甚至还有专属频道，他们可以在自己的电视机上任意频繁地更换频道观看节目。虽然一家人都待在客厅，但或许是一个人在看电视，另一个人在听音乐，而其他人在玩电脑游戏。这一场面属于典型的"将家人拒之于千里之外"的场面，对沟通家人情感、融和家庭气氛是极其不利的。

每个人都希望感受到自己是团队中的一员，并且对自己归属的团队的表现很在乎。你可以创造一个家庭团队，并且要使你的女儿最渴望成为其中的一员。

最近，一项关于阻止青少年行为失调的研究，揭示出了一个很有启发性的事实：阻止孩子的坏行为，可以让孩子产生一种父母和家人对他不会感到失望的想法。因此，为你的女儿营造一个可以释放压力、受人赏识和获得快乐的家庭氛围，是保护她远离浅薄价值观的最佳方法。和谐家庭氛围的营造，可以从制造家庭乐趣和进行情感沟通开始。你与女儿之间建立的信任，以及多年来对她发自内心的真爱，是与她

5 女孩易受女性文化的影响

建立心灵沟通和亲密的亲子关系的关键，比任何外界因素都重要得多。

每日享受一些家庭乐趣，并想办法再创建一些家庭传统活动，会使你的家庭变得与众不同。一位育有三个女儿的父亲说，他会带女儿们每年进行一次探险活动。他们通常利用周末的时间，一起制订活动计划，每个女儿都必须花时间负责其中的一部分活动。例如，他们一起乘火车去另一座城市游玩时，每个女儿会选择一个活动项目或者想要去的旅游景点。她们每个人都必须对要去的景点提前做游玩攻略，如计划如何到达景点，以及控制费用预算等。

可以把家庭用餐地点变成每个家庭成员讨论、争辩、提问或讲故事的地方。如果你小的时候父母从来不把餐桌当成一家人聊天和联络感情的地方，那么就从你女儿这一代开始，建立起这个家庭传统吧。你可以在餐桌上给你的女儿读故事，并就读到的故事向她提问。

你可以试着用如下话题打开话匣子：

- 你生活中不能缺少的一件东西是什么？
- 描述一下你认为的最美好一天是怎样的。
- 什么事情是你最不想做的？
- 你最喜欢家中的哪间房间？为什么？
- 你最敬重的人是谁？

女儿总是很想知道你对她心里想什么是否很在意。

好好思考一下家庭聚餐的价值吧。如果你期望每个家庭成员都能参加家庭聚餐，那么你就创造了每天与家人接触的机会，并和女儿一起融入生活中。全家人一起用餐的家规，意味着女儿不能在"喃喃自语"的个人世界里逃避，或者独自躲在冰箱旁边吃东西。就餐时家人之间的闲聊,能够让你更加了解女儿的生活状态,也能把你看问题的方式教给女儿。

如果同意女儿自己挑选食物,自行决定何时吃饭,或者允许她自行从冰箱里取食物坐在电视机前吃饭,那么你就等于彻底放弃了每天与女儿沟通的机会。如果你女儿知道必须按规定时间到餐桌上吃饭,只有举止优雅才能开饭,并且可以在用餐期间拒接电话,只有那样,你们的家庭生活才能步入正轨,餐桌才会成为全家人交流的中心。记住,就餐时间为传递隔代智慧提供了一个好机会。如果女儿在学校遭遇了受挫的一天,你便可以给予她正确的开导,消除她的沮丧情绪。

在家中监督和管控女儿的传媒娱乐时间

★ 鼓励女儿通过定量的户外活动来赚取她的传媒娱乐的时间。比如户外活动每一个小时,她就可以赚取半个小时的传媒娱乐时间。

★ 将女儿观看过的节目内容,作为餐桌讨论或睡前聊天的话题。可以要求女儿重述或者解释故事中的情节,然后评论剧中人物以及他们做出的决定。还可以鼓励女儿学会具有"批判"精神,对故事产生质疑,而不是不假思索地全盘吸收。

★ 每天固定半个小时的家庭阅读时间,形成家规。一开始你可以读故事给女儿听,然后训练她读故事给你听。

5 女孩易受女性文化的影响

★ 对女儿的传媒娱乐时间要做出具体规定，设定每周看电视的时长。帮助她制订计划安排好自己的传媒娱乐时间，这将训练她具有管理自己的能力。同时，当她观看某个节目时，也方便你加以监控。

★ 既然一起娱乐的时间是事先安排好的，而不是偶然决定的事情，那么就选择一部适合全家人观看的 DVD 影碟，全家人一起看电影；或者更好的做法是关闭家中所有的电子娱乐设备，进行一场面对面的棋类比赛。

★ 与女儿保持沟通交流。孩子需要一种有助于她开口说话的"催化剂"，向女儿提问，可以促使她畅谈自己所遇到的人和事。

★ 在家中安排一个"电影之夜"。让你的女儿来制作门票，准备爆米花等小零食，然后再邀请几位特殊的朋友前来参加。这个活动的一半乐趣在于做事前准备工作。要保证女儿所选的电影经过你的审核，在音像店里选片时，只能选择"在家长指导下观看的电影"。

★ 一些"疯狂"的活动往往能给人留下最美好的回忆。比如在就餐时可以增加一些出乎意料的安排，如变更用餐时间，变更用餐地点，或者变更餐具和装饰用品等，甚至可以在壁炉前安排一次"野餐"。

★ 在地板上用毯子搭建一个小屋，举办一次茶话会。晚餐后看看你是否能找到一种适合和女儿一起玩的棋类游戏。

★ 你应该以身作则，做出好榜样，培养女儿的业余爱好，鼓励她热爱体育运动，参与积极的消遣活动。

家长该如何保护自己的女儿远离当前世俗文化的毒害？

女孩的心中想要这样的父母亲：

☑ 设立与众不同的家庭行为准则和价值观，挑战大众传媒传播的世俗文化。

☑ 发掘女儿的内在美，而不是外貌长相。

☑ 给女儿树立一个楷模：交友甚广，并且珍视朋友们的内在品格，而不是他们的外貌长相、身材体重或者穿戴如何。

☑ 教导女儿明白什么是真爱。

☑ 向女儿演示如何设立和遵循个人行为界限。

☑ 为女儿提供一个安全的港湾。和谐的家庭氛围可以让她远离世俗文化。

☑ 好好利用科技产品，并制定使用这些科技产品的基本规则。

☑ 对所有的女性或女孩表示尊重。

6 建立一个利于女儿成长的家庭

jian li yi ge li yu nü er cheng zhang de jia ting

当一个孩子表达爱时,我们有责任无条件地接受、欢迎和珍视。记住,要让你的女儿真切感受到她是"家庭团队"中的重要一员。当女儿融入家庭生活时,就是为她树立家庭价值观的最佳时机。

名家感言

当一个孩子闯入你的生活时,你必须加以照顾并为他提供一个家庭,让这个孩子从生活环境中学习人生。你必须向他提供看待事物的最佳视角,让他建立一种道德意义感,一个健康的世界观。总之,你必须准备好投入大量的时间和精力,因为时间是塑造一切的无形之手。

——选自肯特·奈本所著的《简单的真理》

童年是稍纵即逝的。你的女儿不会记得整洁的碗橱或者昂贵的窗帘,但临时决定的一次野餐,一次"寻宝式"的晚餐,还有当她送上一束刚刚采摘的雏菊时你脸上浮现的灿烂笑容,她将永生难忘。当一个孩子表达爱时,我们有责任无条件地接受、欢迎和珍视。记住,要让你的女儿真切感受到她是"家庭团队"中的重要一员。当女儿融入家庭生活时,就是为她树立家庭价值观的最佳时机。

有利于女儿健康成长的家庭应该是怎样的

如今很多人把教养孩子这件事当作一项"系统工程"。当他们的第一个孩子降临人世时,他们往往都已有自己的事业,因此宝宝出生时就注定他们生活在一个忙碌的家庭环境中。令人遗憾的是,照顾孩子并非像执行"做事任务列表"那样简单,可以有条不紊地一件一件去完成。

教养优秀女孩是一项意义重大的任务,对下一代以及未来很多代孩子将产生深远影响。如果你女儿得到了精心调教,学会生存的各种技能和基本伦理道德,那么她长大后就会变成一个对社会有用的贡献者,而不是一个索取者。相应地,她也会把有意义的人生价值观灌输给她未来的孩子。

实际上许多专家认为,快乐的儿童往往出自那些父母能够创造快乐生活的家庭。这类家庭的父母不仅对生活充满激情,而且朋友众多,还拥有自己的兴趣爱好并乐于助人,这些事实都为他们的孩子奠定了健康成长的生活基础。

如果把女儿仅仅视为掌上明珠加以疼爱,而没有在她周围树立一个有意义的人生楷模,就无法向她展示令人满意的未来生活究竟应该是怎样的。积极乐观的成年人往往会向孩子们讲述生活中的快乐和美好。不论遇到快乐还是痛苦的事情,你都要坦诚地让你的女儿看到你的反应,让她目睹你是如何面对人生顺境或逆境的,因为你才是最棒的老师。这是你给女儿的最好礼物。

教养女儿有三个同等重要的要素

打一个不太形象的比方,有时候教养女儿就像是做一个三条腿的板凳。如果想把一个三条腿的板凳做得结实耐用,那么板凳的每条腿必须保证长短一致。在教养女儿的过程中,也有三个同等重要的要素,缺一不可。

教养女儿的第一要素是乐趣和沟通,第二要素是有监督体系(即设立行为界限和纪律),第三要素则是培养优秀的品行。如果我们在教养孩子时只强调其中一个或两个要素,我们或许能赢得合作,就如同试验中的小白鼠,但我们不大可能赢得女儿的真心并赋予她力量。

> 爸爸是一名屠夫。每当爸爸辛苦一天疲惫不堪地回到家中时,妈妈、姐姐和我,不论我们正在做什么,都会立即停下手中的一切,跑到门口热情地拥抱他,然后与他闲聊我们各自一天的生活……我们会站在客厅里拥抱和攀谈很久,并为这段美好的时光感到满足。
>
> ——选自海伦·麦德琳所著的《女中音》

教养女儿的第一要素——乐趣和沟通

一个家庭需要充满无穷的乐趣和无限的爱。玩游戏、一起做事情、野餐、做日常家务、举办庆祝活动等都是生活中的黏合剂,可以使一个家庭变得更齐心、更欢乐、更有活力。家庭中的很多事情使我们能够感受到个人的重要性,以及作为团队成员的意义,归属某个团体是女儿渴望融入群体的天性使然。

6 建立一个利于女儿成长的家庭

只要年龄合适,即便是教导女儿学做家务事,也会让她变得充满乐趣。你可以使用说服力强的句式,比如:"在我们家,当你两岁时就学会自己睡觉了,那么现在完全能够学会自己盖被子。"那么两岁半的女儿就肯定能学会自己盖被子。或者说:"在我们家,当你3岁时就能开动洗碗机,4岁时就学会了摆餐具。"那么5岁的女儿就会意识到,现在她应该会做更多的家务活了。

让幼小的女儿去收拾她的房间,可能会遭到她的拒绝,但如果你在她的卧室里播放她最喜欢的CD唱片,并说:"让我们来看看,我们是否可以在芭妮的CD唱片播完之前,把这间卧室收拾干净呢!"那样她就会把这个家务活儿当成一个团队合作项目。通常,女儿会认为父母就像好莱坞的明星那样具有幽默的天赋,不幸的是,这个观点在女儿十一二岁时会发生变化,所以你应该紧紧把握住这一时间窗口。

在我们家,我过去常常喜欢扮演好莱坞电影中的一些角色。那时我最喜欢的角色是电视喜剧片《霍根英雄》中的克林克上校。我会模仿剧中的情节,操着德国口音对我的孩子们说:"我受够了这些肮脏的牢房了!我命令你们立即打扫干净,而且必须做到一尘不染!"说完我会迈着正步来回踱步,等待他们打扫完毕。然后我会要求他们站到卧室门外,亲自检查他们的"牢房"。我会到处看看,并对他们打扫过的房间做评论,最后我会说:"我必须告诉你们,你们最终达到了我的高标准,因此我想授予你们德国式的最高奖励——交换内衣!安德鲁跟凯艾姆交换内衣,彼特跟乔纳森交换内衣。"也许这并不是很搞笑,但事后孩子们常常会恳求我:"爸爸,你能不能再说一些克林克上校的台词?"这让我感到十分惊讶。

从孩子们还很小的时候开始，收拾房间便成为我们家的一项传统家庭团队活动，而且每当我们要求孩子们收拾房间并接受检查时，他们都很乐意接受并能轻松地完成任务。有时他们成功地完成某项任务时，我们会假装吹起小号，表示庆祝，然后嘉奖孩子们每人一块鱼形巧克力。关键在于要让孩子们懂得工作应是有始有终的，而且工作结束后就会有庆祝活动。你创造的家庭氛围，应该能够让孩子们感受到自己是大家庭中的成员之一，体会到团队合作的精神。每当孩子完成一项任务后，你可以轻轻拍拍他的肩膀，并称赞他工作干得好。

当你女儿还很小时，你就可以慢慢培养她熟悉一些家庭的传统活动，比如进行"晚餐后游戏"或者"洗澡后游戏"等。

当女儿大一点，和女儿一起做家务时，可以播放她喜欢听的CD唱片，然后一边随着音乐节奏摇摆，一边共同做家务。

可以创建一个"家庭之夜"活动，让女儿当组织者，并计划家庭活动的内容。"家庭之夜"的晚餐形式可以搞得特殊一些，比如可进行烛光晚餐，或者可以用掷骰子的方式决定每道菜的上菜顺序，还可以设定每周五晚上餐后一起欢看DVD影碟。

实用技巧

让你女儿在她生日那天成为全家人关注的焦点。比如可以为年幼的女儿精心制作一个生日皇冠，或者让其他家庭成员为她亲手制作一条庆祝横幅，让女儿一早起来就能看见客厅里悬挂着一条祝贺她生日快乐的横幅。

充分利用好家庭用餐时间

我们大多数人当中,都曾有过对成长过程中的用餐时间的回忆。有些人回忆起的家庭用餐时光是一段充满乐趣的时光,而有些人回忆起的家庭用餐时光仅仅是"填饱肚子"而已,从来不记得有过畅所欲言的交谈。

许多研究结果显示,要想知道女儿在学校表现的好坏,全家人在一起用餐就是最佳的检测手段。不论每一天过得是好是坏,哪怕女儿遇到了让她"崩溃"的事情,她都需要按时进食。而全家人共同进餐是一个十分重要的机会,借此你可以了解女儿一天的生活状况,并把家庭成员重新组合成一个融洽的团体。这可以为女儿带来归属感,使她觉得自己在某个地方属于某个团体——这就是我所归属的部落,我是这个团队中的一员。

在家中营造一种心灵沟通的和谐感觉和温馨的氛围,会对女儿的成长产生巨大的影响。一天忙碌的生活结束后,你也许会感到精疲力竭而只求填饱孩子们的肚子就行,但哪怕你只做出一点点努力,从而让他们留下美好回忆的话,未来你就会得到丰厚的回报。在我女儿小的时候,我们家吃过几回干烧火锅,还有几次是以寻宝的方式吃晚餐的,这些不同寻常的家庭用餐方式给女儿留下了深刻而美好的记忆。虽然我们也许仅仅为她策划过三到四次特殊的晚餐,但如果现在让她说出童年中最美好的记忆是什么,她一定会告诉你每一次特殊晚餐都是令人惊奇而有魔力的。

每晚全家人共同进餐的习俗似乎正在被逐渐淡化,当先进的科技产品以及借口"忙碌"而导致人与人产生疏离的时候,我们的孩子对回家共进晚餐会变得越来越淡然。育儿类畅销书《正面管教》的作者,美国心理治疗师简·尼尔森认为,女孩们需要与家人共处带来的快乐时光,围坐在餐桌旁念故事给女儿听并就故事提问,可以让你了解女儿的所思所想。

切记,打破常规的任何事在女孩们看来都是很有趣的,因此,创造一些令她们难忘的用餐回忆,其实很简单。你可以在家庭告示板上写下你将要精心策划的一次特殊晚餐,使它成为女儿一周内最期待的活动——可以是电影主题晚餐,也可以是周末干烧火锅晚餐,或者是"抒发感想"主题晚餐。

我们的女儿在她自己的家庭里创建了一个传统活动,称为"家庭传说"。每天晚餐后,父母中的一人会跟孩子们讲自己童年的故事。他们惊讶地发现,他们竟然能为自己的孩子们创作出如此多的家庭故事。让孩子们了解一些家庭故事对他们大有益处。有时候我们的女儿会回想起她和我们在一起生活的点点滴滴,然后跟她的孩子们分享其中的一些经历,如在学校受欺负,考试失败,兄弟姐妹间敌对竞争、喊绰号,等等,总有一部分会是孩子们喜欢听的。

我们的女儿说,当"家庭传说"被传承下去的时候,大点的孩子就可能会把他小时候的一些难忘经历也添加进去。她的5岁女儿最喜欢讲的故事就是:"嗯,我两岁时特别淘气,有一次去动物园玩,我追赶着一头大象玩耍,结果迷了路,是一位好心的女士将我抱起,坐上游览车,才回到了家人的身边。"

家庭行动

"抒发感想"主题晚餐

这是一种教女儿学习沟通艺术的最佳方式,也是一种教她分享见解的好方法。你可以剪出20到30张小纸片,在每张纸片上写下一个问题,将纸片折叠好放入摆放在餐桌上的一个玻璃瓶里或一个大餐盘里。围坐就餐的人轮流将玻璃瓶或大餐盘拿到自己的面前,抽出一张纸片,花几分钟时间回答上面写着的问题。然后按顺序进行下去,每个人都要回答一个问题。即便是两三岁大的小女孩,也要鼓励她主动说说自己的想法。纸片上写的问题,可以是类似这样的问题:如果让你当一天总理,你最想制定的是哪三部法律?今天有没有人对你做过一件很友好的事情呢?你尝到过的最美味食物是什么?你能记起来的第一件快乐事情是什么?那时你大概几岁?在我们家,最美好的事情是什么?

营造用餐乐趣的一些金点子

可以为女儿特制一个餐具垫:复印两页你女儿最喜欢读的故事或童谣,然后塑封成一个特制的餐具垫。这个办法非常适合4到7岁正在学习阅读的小朋友,这样他们就可以在餐桌上大声朗读自己最喜欢的东西。其他一些金点子:

★ 每周固定一个晚上用就餐礼仪进餐。

★ 不限定时间举办庆功餐。必要时可以制作特色餐具垫、邀请函、功臣帽等。

★ 不限定地点的野餐式晚餐。

美国得克萨斯州休斯敦市的贝勒医学院进行的一项研究发现,当与家人一起用餐时,小孩子们往往会多吃一点蔬菜,少喝一点饮料,并且会多吃一些低脂肪的食物。研究者还得出一个有益健康的结论:晚餐时最好不要看电视。如果你为女儿着想,就应该把时间花在与女儿沟通上,而不是花在电视节目上。

教养女儿的第二要素——有监督体系

那么,既然制定了家庭规则,就得有监督执行这些规则的方法。你可以组织一次"家规之夜"主题活动,创建各项家规,并让家中每个成员了解它们。你可以让女儿参与制定并尽量简化家规,然后让女儿

6 建立一个利于女儿成长的家庭

将家规写在公告板上,悬挂起来,使每个家庭成员都能一目了然。

当孩子长大一些时,家庭格言和规定会成为一种家庭使命,女儿也会乐于接受这样的事实:它们是你行动的指南。

利用家规,可以监督孩子的言行。在我们家,我们只说"激励"之词,不说"奚落"的话。如果任何人说了奚落其他家庭成员的话,就得在当天剩下的时间里为对方服务或替对方做家务活。

想在短时间内改变孩子的一个行为,你可利用在图表中贴五角星的方法来正面教导女儿。例如,你可以在图表中写出下列项目:我会温柔地对待猫咪;我能微笑着跟访客们友好地打招呼……当女儿正确完成一个项目时,便可以给她贴一颗五角星。当她在某个项目中挣得五颗五角星时,就给予她一个小奖励——或许是带她去一次2元商店购物,或许是奖励她一张和爸爸一起吃冰激凌的奖券。

女儿如果做了值得表扬的好事,就奖励她使用红色餐具一周。值得表扬的事情可以是学会了一个新技巧,比如学会自己系鞋带,也可以是考试获得好成绩,或者是把最后一块蛋糕留给客人享用的好行为等。

实用技巧 **奖励孩子具有使用红色餐具的特权**

每个孩子都应该得到正面关注,特别是得到兄弟姐妹和父母的真正肯定。你可以制定一条家规:每周五的晚餐上,奖励其中一名家庭成员具有使用红色餐具的特权。

至于决定哪个家庭成员将有权使用红色餐具，必须一直等到晚餐前的最后一分钟才能揭晓谜底，但揭晓谜底后必须向所有的人公开这一决定的理由。理由可以是某个孩子这一周学会了自己系鞋带，也可以是某个孩子参加的球队赢得了一场比赛。这是让孩子练习给予肯定和接受肯定的一种好方法。没有获得使用红色餐具奖励的孩子，可能会哭闹或抱怨，这很常见。如果真的发生这样的事，你一定要做好心理准备来应对他们的伤心的眼泪。

切记，这是让你的孩子学会如何为他人欢呼和鼓掌的好机会，让他学会对他人的成功表示高兴。也许你可以借用下面的话，或者可将这句话贴在冰箱上："当别人有好事发生的时候，我们要替别人感到高兴，而不应该替自己感到难过。"

教女儿正确使用零用钱

教导你的女儿对钱有感性认识，并给予她一定程度的财务管理权。对于她偶尔做出的一次严重的不当行为，可以用扣发一个月的零用钱或扣发一部分零用钱的方式作为惩罚，但这不应成为你常规的管教方式。

儿童理财畅销书《孩子，天上不会掉馅饼》和《好大的一毛钱》的作者妮尔·戈弗雷认为，很多价值观是可以通过学习理财来灌输给孩子们的。女孩需要有经济头脑，你可以从如何使用零用钱开始，教导她如何理财。

6 建立一个利于女儿成长的家庭

戈弗雷建议为孩子准备三个储蓄罐——一个用来赠送礼物，一个用来储蓄，另一个用来消费。这是一个好办法。建议把给女儿的零用钱平均分成三份，分别放入三个储蓄罐里。赠送礼物的零用钱，由你的女儿自己决定该如何支配。在你的指导下，她或许愿意资助一名孤儿，或许会与你一起共同资助另外一个家庭。

你的女儿会逐渐懂得花掉的钱将一去不复返。但如果她每次从领到的零用钱中，分出一小部分钱放入储蓄用的储蓄罐里，那么等她有了真正想要买的东西时，她就会有足够的钱来支付。

可以安排一次家庭远足活动，给女儿一定数量的钱，由她来准备零食，让她学会如何合理消费。

随时可以营造轻松的家庭氛围

当女儿违反了家规需要承担后果时，你需要牢记的最重要的一点是，即使必须惩罚她，也要让她明白，你对她的爱丝毫不会减少。我的一个朋友家发生过一件有趣的事情，这位朋友家有几个十几岁的孩子，因为家庭经济状况比较拮据，所以他们决定每年用自制的"圣诞节礼券"来庆祝圣诞节，这样，家庭成员之间可以互送礼券来代替圣诞礼物。

爸爸将他能想到的一切礼物都制成了礼券，收集在一起，作为给孩子们的节日礼物。他绞尽脑汁地回想出女儿最喜欢的事情和最讨厌的事情，因此制作的礼券都很有实际价值。其中有一张礼券是"打扫一次女儿的卧室"，还有一张是"无需关禁闭"礼券！这位父亲说他几乎已经忘记给过女儿这张"无需关禁闭"礼券,直到第二年的二月份有一次女儿做了一件非常不负责任的事情后,他才想起来。当时,他对女儿的行为感到非常生气和沮丧,他对女儿这样说:"坏消息是我真的对你感到很生气,好消息是我现在不会跟你谈论这事,直到我冷静下来再说。因此,你必须被关禁闭一天,之后我们再谈论这件事。"听完他的话,女儿看上去害怕极了,但很快她悄悄地溜进自己的卧室,翻箱倒柜地搜寻一番,最终找到了那张"无需关禁闭"礼券。这位父亲对我们说:"我当时真的感到非常受挫,但是为了维护家规,我还是高兴地接受了女儿那张'无需关禁闭'礼券!"这位机智的父亲使家规中设立的行为界限具有了实际意义,但同时又营造出温暖而充满乐趣的家庭氛围,让女儿产生了强烈的依恋感和归属感。

教养女儿的第三要素——培养她优秀的品行

教养女儿的第三要素是要女儿树立正确的价值观和道德观,并要培养她的优秀品行,这样她才能够学会乐于助人和同情他人。早在女儿18个月大时,就应开始培养她的这种意识,而且这也与女孩天性渴望与父母建立信任和依恋关系有密切关系。当她能感受到父母自始至终都悉心照顾她时,她就会鼓起勇气看待身边的事物,并怀有同情之心,懂得考虑别人的感受。

在许多方面,现在的儿童正在遭受道德信仰缺失的折磨。从传统意义上来说,女孩更加关注价值观和人与人之间的交往,她们受到的影响则更加严重。现在的媒体常常告诉人们,尤其是女孩,要用"感

6 建立一个利于女儿成长的家庭

觉"作为判断是非曲直的风向标和行为指南。这种偏颇的思维方式导致女孩在很多情况下会卷入种种混乱的人际关系中。"感觉",只是一种感受而已,它并不能引导我们判断自己的行动是对还是错。

当代的儿童性教育强调以"感觉"为基础,并教导女孩要使用避孕套保护自己,仅此而已。这种性教育方式往往会误导少女,使她们认为,当她觉得对某个男孩有"感觉"时,与其发生性关系则是顺其自然的事情。十四五岁的少女或许"感觉"上已经做好发生性关系的心理准备,但这并非意味着如此做法是一个正确的行为,或者代表她有能力应对发生性关系后带来的不良后果。这也不代表她已经深思熟虑地想过,她个人做出的行为可能会影响到其他人,比如她的家人。

"感觉"可以是非理性的、不断变化的、难以预测的,并且通常还是难以理解的。"感觉"经常会混淆人们的情绪,这些"感觉"往往源于一些很简单的小事,像是理了糟糕的发型啦,睡眠不足或者消化不良啦,都会影响一个人一整天的心情。众所周知,对于十几岁的少女来说,个人感觉会成为非常不靠谱的行为指南,再加上她不够成熟的判断力,往往就会造成她做出错误的决定。

美国著名对话节目主播,心理学家和作家劳拉·施莱辛格博士,在她的著作《十诫》中提出:"几乎不加鉴别地盲目崇拜偶像的感觉,已成为时下'流行'的一种最为有害的行为。尽管这种感觉对于正'陷入'个人情感混乱深渊中的人来说或许是一根救命稻草,但当'感觉'消失之后,就演变成对人类文明的灾难性破坏。"

施莱辛格博士在书中说:"根据我二十多年广播主持生涯的经验,我可以肯定地告诉你,很多人的主要问题在于过度注重了良好的自我感觉。一味地追求良好的自我感觉,就会刻意地规避糟糕的自我感觉,从而使自己的感觉混乱。"

一项关于如何培养孩子优秀品行的研究指出,父母如果能向女儿明确解释是非对错,并讲述与品行相关的历史人物的励志故事,则有助于女儿加以对照,并有意识地衡量自己的品行。大量的道德故事,包括各种赞美古代女性伟大的故事,和许多现代女性的励志故事,都应该成为我们让女儿继承的部分精神遗产。作为一个家庭,你应培养全家人一起阅读的好习惯。当节假日遇上下雨天,一家人不得不待在家里时,也许你可以找出一本励志故事书,读给女儿听;或者在冬天的晚餐后,形成一个全家人共同阅读的传统,然后共同讨论书中读到的故事,让女儿说说如果她身临其境的话会怎样面对。多找一些勇敢女性的励志故事,读给女儿听。

我们要利用故事中女主人公所展现出的优秀品行和散发的正能量,明确表明我们崇尚的具体素质是什么,这样女儿就能从中深受鼓舞。不论何时,每当女主人公做了值得称赞的事或者别的勇敢之举,你一定要向女儿具体地指出来。你可以这样对女儿说:"难道你不欣赏她的勇敢行为吗?"或者:"她是一位多么有爱心的母亲啊!"或者:"这是多么机智而有谋略的处理方式啊!"

父母应该将自己视为教练员或管理员

每天清晨做好准备工作,能够影响一整天的生活安排。父母应成为家中的管理员,积极做好家中每天的日程安排工作。当家里的每件

6 建立一个利于女儿成长的家庭

事情都得以顺利进行的时候,你就会明白每天清晨早起几分钟绝对是值得的。家庭常规事务的计划与安排,会让你的生活变得一切井然有序。

作为一名尽职尽责的教师,我的妻子玛丽每次下课后都会留在教室里,花上数小时准备第二天的课程内容。之所以要做如此细致的教学准备工作,是因为她明白,要使第二天的教学工作能够顺利开展,对于要负责好几门课程的她来说,提前做好教学安排的准备工作十分有必要。

当妻子成为一名经验丰富的资深教师后,有时她也会出现来不及提前做教学准备的情况,甚至偶尔她会在上课铃响起时才走进教室。但有意思的是,她很清楚地记得,所有她上课"迟到"的时候,这一天总会让她累得精疲力竭。在学生们来上课之前未能提前进教室做教学准备,就像是打乱了她一整天的行程节奏一样。她说等上完课后,感觉就像是一直在追赶教学进度,而且与平常相比,在某种程度上学生们的表现也不佳。

家庭行动

与女儿交流时要做的三件事

教育家罗斯·坎贝尔在他的书《如何爱你的孩子》中指出,所有的孩子都需要与父母有充满爱的眼神交流,成为父母关注的焦点，与父母建立亲密的亲子关系。

1. 充满爱的眼神交流

当你在与女儿玩游戏时，或者递给她一杯热巧克力饮料时，进行眼神交流时应充满爱和温暖之情。

2. 倾听

每天都应该保证与女儿有足够的一对一相处的时间。比如，就寝之前坐在她的床边；当她放学回家时递上一块点心；或是带她一起外出活动；聆听她的"欢呼"和"抱怨"。而不管是积极的还是消极的事情，倾听是一种爱的表达。

3. 使用肢体语言

恰到好处的身体接触所带来的作用往往令人难以置信。爱抚、拥抱、亲吻，或者轻拍后背等，常常使用这样的亲昵的肢体语言有利于女儿树立良好的自我形象。爱抚能够给女儿带来一种真正意义上的安全感。

放手让女儿玩耍

想帮助你的女儿学会一些特长吗？如果是这样的话，就应该放手让她玩耍。美国儿童科学研究会认为，现在，很多女孩被各类旨在将她变成"超级成功者"的活动吞噬了玩耍的时间。但是，就女孩的发育而言，非常重要的一件事就是让她玩耍，仅此而已。

6 建立一个利于女儿成长的**家庭**

让女儿自由自在地玩耍,有助于帮助你的女儿培养想象力、创造力和解决问题的能力,让她发现自己的兴趣特长所在。因此,可以鼓励她去厨房的碗柜里到处翻看,在后院里挖蚯蚓,或者玩玩你的旧首饰,无需为了打造一个成功的女儿而把她每周的日程排满——或许最终你会发现,轻松的日程安排对你和女儿来说也许更适合。

一个能够给孩子提供很多乐趣、交流机会和庆祝活动的家庭,才是真正步入家庭教育正轨的家庭。当女儿开始遭受情感上的折磨时,她需要的答案几乎总能在亲密的家庭交流中获得。创造更多的家庭活动,更多的爸爸或妈妈与女儿相处的机会,更多的和祖父母相处的时间,更多的家庭游戏、户外野营或探险旅行活动,这些都属于家庭团队的有益活动,都是向女儿表达爱的一种形式。

实用技巧

★ 树立家庭的价值观,全家人对为他人服务都应感到高兴。

★ 用各类英雄人物的故事来丰富家庭生活。应把阅读和谈论故事中主人公的传统保持下去,为你的女儿树立楷模,并在日常对话中向她灌输你所欣赏的优秀品行。

★ 教导你的女儿认识到"感觉"不代表全部,有时候"感觉"并不意味着事实真相。当女儿做对事情时,一定要告诉她你为她感到多么自豪,要表现出你对她的欣赏和信赖。

★ 花几分钟的时间策划一种"不同寻常"的就餐氛围,将为女儿带来愉悦的享受和美好的回忆。

★ 多与女儿分享笑话,交流信息,谈论家庭逸事。和女儿相处时要表现出积极的一面,让她觉得你是一个随和外向的人,而不是一个不苟言笑的人。

 女孩需要的是什么?

女孩需要一个这样的家庭:

☑ 每一个家庭成员都受到重视。

☑ 能够随时与家人畅所欲言,并建立亲密的亲子关系。

☑ 家庭幽默是家庭文化中不可或缺的一部分。

☑ 设定行为界限后能够得到监督执行。

☑ 优秀的品行和道德得到弘扬。

☑ 父母是家庭中负责任的教练员和管理员。

☑ 拥有全家人共同平等玩游戏的机会。

7 把握爱女儿的程度

ba wo ai nü er de cheng du

父母中的一方控制欲过强或过于严厉的话，出于补偿效应，有时会导致父母中的另一方变得更加软弱。以这种"组合方式"来教养女儿的话，反过来会形成一种跷跷板作用，即父母双方中一方变得更加严厉，而另一方变得更加纵容。属于这一类型的父母应该学会互补。

从某种程度上来说,我们所有的人都是为了得到回报而工作的,这是人之天性。每个人对回报的期望值因人而异,俗话说得好:萝卜青菜,各有所爱。正因为如此,你必须依据实践经验做出判断:替孩子做决定是否真的对孩子有益?

——引自菲尔·麦格劳博士的著作《家庭第一》

孩子人生中的知识和能力可能来源于家庭生活中的嬉戏和玩耍,但家长还必须掌握设立行为限制的艺术,同时教导女儿如何快乐而自信地生活在这个世界上。这是教养女儿的两个重要方面,有时想要达到两者之间的平衡确实是一个挑战。因此,去了解你的女儿,弄懂她的心思,这会提高你教养女儿的能力。当她自愿成为家庭以及更大社区中互相合作的一员时,一条教养女儿的轻松之路就会为你展现出来。

就好像一个教练员在研究如何将每一个运动员的潜能得以最大程度地发挥出来那样,你也可以根据女儿的个性,与她建立合作关系并树立彼此的信任。因为爱而设立家庭规则和行为界限,会让女儿更有安全感。每一个女孩都有自私和喜欢追求利益的一面,牢记这一点很重要,但这并不是她蓄意要耍手段使父母受挫,而只是作为个人寻求满足的一种表现方式,没什么大不了的,仅此而已。

作为父母的我们往往忽略了一个事实:女孩毕竟是女孩,不要期

7 把握爱女儿的**程度**

待她会自我反省，会像大人那样深思熟虑地去分析当时的具体情况，因为她还处于生长发育的阶段，她往往只能客观地反映自己所发现的世界——大部分是从父母那里获得的所见所闻。我们应该负起责任，引导她从早期蹒跚学步时以自我为中心的世界走向认知他人的所思所想，从而最终学会做事三思而后行。在她逐渐变成熟和学会自律的过程中，必须以与年龄相符的恰当方式对她进行教育。

能够为女孩营造温馨的家庭氛围和养成良好习惯的家庭，才是最有利于女孩成长的家庭。身为家长，你必须对爱的程度有一个清晰而明确的认识。你应该将自己视为女儿人生中的教练员和管理员。换句话说，无论发生什么事，你都应该永远站在"她身后某个角落"；虽然未必需要事事出手相救，但一定要站在背后支持她，以培养她掌握生存的技能，教她如何从失败中重新振作，整装待发。在设定行为界限时，你要表现出既严厉又不失友好的态度，因为你永远不变的目标是：无条件地爱女儿，并为她创造最美好的人生。

为女儿制定必要的纪律

你必须明确决定采用哪种教养哲学，这一点十分重要。如果你不能做到这一点，那么一旦出现状况，比如女儿做了愚蠢的事情时，你可能会发现自己只是在本能地做出反应，而不是采取自认为有效的措施。孩子需要大人的悉心教导，慢慢学习承担事情的后果，并重新树立个人价值观。

你的情感沟通方式很可能源于你童年生活中熟悉的模式。如果你从小成长在父母动不动就大发雷霆的家庭环境中,那么当你女儿打破家中什么珍贵的东西时,习惯性地对她大发雷霆或许会让你觉得是理所当然的。其实不必非得如此,你只要教育她学会服从或尊重他人财物的道理,即可化解问题。实际上,用大发雷霆的方式处理问题往往只会适得其反。当女儿面对你大发雷霆的训斥时,她肯定无法做到静下心来反省自己的所作所为。相反,如果她感受到更多的是你怒不可遏的态度而不是她错在哪里,那么她可能就会本能地学会变得奸诈,产生防御心理,并工于心计。

> 要想让女儿从你的教育方式中得到教训,你需要变得更加足智多谋才行,而不能只会数落或说教。

当你女儿从冰箱里拿果汁喝而不小心洒落一地时,你当然可以对她大发雷霆,责骂她有多笨、多淘气和多浪费,但是你也可以像一个称职的教练正确对待沮丧的队员那样,采用一种更好的方法教育她:流露出失望的表情和坚定的神色走到她身边,然后递给她一块抹布和一个杯子——提供工具让她自行纠正错误。也许你不得不帮她一起纠正错误,但作为一个教练,你必须在脑海里形成一个长期目标,就是教会她如何为自己的行为承担后果,以及应该如何纠正自己的错误行为。我们并不想让女儿害怕我们大发雷霆,但必须让她明白的是,如果她做了错事,就必须为个人行为承担后果,并纠正错误。

在每一天的生活中,你的女儿都在学习,人的生活就是由一系列"可以"和"不可以"做的事情组成的。你可以直截了当地对女儿说:

"可以,在我们收拾好玩具后就可以去公园玩。"或者说:"不可以,你现在不能吃饼干,但你可以吃一只苹果或一根香蕉。"

制定纪律是为了教你的女儿掌握良好的社交技巧,明白是非对错和学会自律。一旦女儿把握了做事的度,她就会感到更加快乐,对什么是可接受的行为举止也会弄得一清二楚。教养女儿如果不规定纪律,就好像船在航行时失去了船舵一样,将会无法控制方向。

> 不论做任何事情,最重要的并不是后果的严重性,而是做这件事的确定性。要让你的女儿学会为个人的行为承担责任,教她掌握解决问题的方法,以保全她的自尊。
>
> ——引自芭芭拉·科娄罗索的著作《孩子值得教养》

父母如何联手共同教养女儿

只要父亲和母亲共同生活在同一屋檐下,你们可以遵循的最重要的原则就是夫妻两人联手共同教养女儿。如果能做到这一点,你们的女儿会因此形成强烈的安全感。相反,倘若她感受到父母之间未能形成一个"统一战线"的话,她就会感到没有丝毫的安全感。

父母中的一方控制欲过强或过于严厉的话,出于补偿效应,有时会导致父母中的另一方变得更加软弱。以这种"组合方式"来教养女儿的话,反过来会形成一种跷跷板作用,即父母双方中一方变得更加严厉,而另一方变得更加纵容。属于这一类型的父母应该学会互补。如果你感到另一半过于强硬,或者过于软弱时,千万不要当着女儿的面谈论你们的教养方式。

有一对夫妻意识到彼此意见分歧对他们的女儿造成了影响,于是试图改变这种状况。做出改变之后,整个家庭氛围也发生了变化。当妻子不再当着女儿的面指出丈夫过于严格,而只是在背后私下告之时,于是丈夫便开始做出了改变。以前,每当丈夫坚持要求女儿在早餐前将自己的卧室收拾干净时,妻子就会与他争执(试图让他降低对女儿的过高期望),结果丈夫变得更加严厉,不容有任何协商的余地。当妻子改变了她的一贯作风后,丈夫感受到了妻子对他的支持(至少不反对了),开始觉得轻松很多。尽管他依然保持坚定的态度,但对女儿却多了一些民主,在一定程度上变得更加友好和善了。

夫妻间彼此尊重和支持,在女儿面前表现出彼此充满爱和温情地打招呼,通过这些琐事能够营造出父母共同教养女儿的一种温馨的家庭氛围。母亲应该让女儿明白你对她的父亲的充分尊重,尤其当她的父亲不在场的情况下,更应该对她的父亲给予积极乐观的评价。告诉女儿她的父亲有多么了不起,提及一些父亲做过的却被人忽略的小事,还有那些风趣好笑的琐事。同样,父亲也应该在女儿面前维护她母亲的荣誉,利用每一个机会赞扬她母亲——那么女儿也会接受父亲的观点,正确看待她母亲。

父亲可以为女儿做到的一件最棒的事就是爱她的母亲。如果女

7 把握爱女儿的程度

儿有不尊重母亲的表现,那么对这种错误行为绝对不可原谅。你必须明确地告诉女儿:"你妈妈对我来说十分重要,如果你对她不尊重的话,你就犯了天大的错误了。"

即使因为种种原因你不能跟女儿的父亲(或母亲)在一起共同生活,你也不该在女儿面前说她父亲(或母亲)的坏话,而应尽可能地说些赞美之词。牢记,女儿是你和她的父亲(或母亲)共同的结晶,这一现象永远不会改变。

令人遗憾的是,如今的家长们有时太在乎个人生活而忽略了孩子们做出的一些失礼之事,因为他们不想为此破坏整个家庭快乐的气氛。最近,有一对夫妻跟他们的一个朋友说起一件事情,并为此感到烦恼。他们全家人在去动物园游玩的路上,8岁的女儿说起了她母亲的风凉话。因为不想破坏这次远足的温馨气氛,尤其这次远足还是女儿倡议的,也是全家人都很期待的一次活动,这位父亲忍住了心中的怒气,没有立即对女儿的错误行为加以制止。其实这位父亲的做法非常不明智,这等于默许了女儿可以继续说这样的错话。

女孩有时会选择一些不恰当的时机来挑战你设定的行为界限。如果你没有立即对此做出处理——调转车头送她回家——那么她的这种错误的言行举止会一而再再而三地发生。

有时候，为了长远利益，我们必须忍受短时的痛苦。如果你设立了家规，那么你必须随时做好准备加以贯彻执行。否则，你的女儿永远不会认真地对待家规。

在你努力尝试改变女儿的某种不当行为时，倘若她对新家规感到不适应、乱发脾气，比如故意用力关门或者对你实施"冷战"的话，你就必须学会戴上一顶"安全帽"来教育女儿。你必须让她明白，你做出的冷静决定意味着错误会得到纠正，这样，"顺从"的人自然而然就是你的女儿了。

有关"纪律设定"的黄金法则是：在设立更多的纪律之前，必须首先确立最基本的三条纪律。

纪律一：你的家庭氛围应该是充满爱和乐趣的。

纪律二：女儿的行为界限必须在解释清楚后得到确立。

纪律三：父母教育女儿时应采取正面的乐观交流方式。

教养女儿应遵守的第一条规则是要她树立服从意识。与家庭生活有关的各种小事，比如家庭日常生活中要求的良好言行举止和合作精神，越早让女儿学会服从，则越有利于培养她良好的行为举止。

但并不是说，你应该在每件小事上都站在女儿背后帮她处理，实

7 把握爱女儿的程度

际上,与此相反的做法才是对的。跟女儿进行的大多数互动,你应该对她给予肯定和鼓励,但对为数不多的关键事情,你必须明确坚定的态度。例如,你可以让女儿按照自己的意愿选择穿粉红色裙子配黄色上衣,而不是依照你的喜好选择绿色裙子——但是,当去教堂或者周日和朋友们午餐聚会时,你必须具有限定她着装的权利。但要提醒你的一点是,即便是你替她做决定,也应该给予她一定的自由选择权,比如你可以这样说:"你可以从这堆衣服中自由挑选一件。"

每一个小女孩都可能在某个成长阶段挑战父母制定的行为界限,而每当这个时候,你必须坚定自己的态度。我的邻居小女孩佐伊与父亲的对话,就是一个生动的例子:

父亲:"你要么穿这条蓝色的裙子,要么穿那条绿色的裙子,你想穿哪一条?"

佐伊:"我想穿那条紫色的裙子!"

"呃,那条紫色裙子不在可供选择的范围之内。"

"我想穿那条有着粉红色纽扣的紫色裙子!"

"那样的话,恐怕我们就遇到麻烦了,因为那条紫色裙子还在洗衣篮里,没有洗,所以不能作为备选的裙子。现在我们必须在十分钟之内出门,因此,你要么从这两条裙子中挑选一条穿上,要么直接穿睡衣出门。等我准备好咱们就立即出发,你自己看着办吧。"

到了紧要关头,佐伊最终屈服了。不过她的父亲也许已经做好了带着穿睡衣的女儿出门的准备……但愿只有这么一次!

没错,你可以在女儿喜欢的两种口味的冰激凌或两种类型的比萨之间提供一个自由选择的机会,但务必确保给你女儿提供的是与她的年龄相符的选择,而且最好只有两种选择,而不是三到四种选择。如果在女儿很小的时候,就允许她对食物、穿着或是做事等方面全部由她自行做决定的话,你不仅会让她没有安全感,而且等她成长到十几岁时,你会遇到许多很难控制她的棘手问题。女儿很小时,在大多数情况下你必须掌控她,你的教养职责,应该是随着她年龄的增长适当调整对她掌控的程度,并给予她与年龄相符的自由选择权利。

记住,针对小女孩制定的行为界限应该言简意赅,如:"我们不会伤害他人,我们不会破坏物品。"或者:"我们面带微笑地欢迎来访的客人。"或者:"我们会按照爸爸妈妈第一次说过的去做。"这些都是非常重要的且又简单的规则,能让你的女儿在形成早期必要的安全感的状态下理解这个世界。

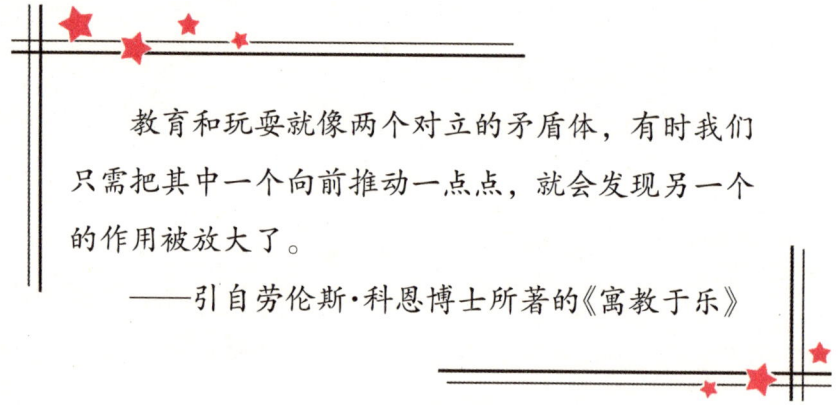

教育和玩耍就像两个对立的矛盾体,有时我们只需把其中一个向前推动一点点,就会发现另一个的作用被放大了。
——引自劳伦斯·科恩博士所著的《寓教于乐》

引导女儿学会做出更好的选择

如果你制定了家庭规则,那么你花在管教女儿上的时间就会减少很多。如果家庭规则解释得很清楚,大多数女孩就都会接受它。

7 把握爱女儿的程度

监督一条家规的执行，通常来说是比较容易的，你可以这样说："记住，这是我们的家规，我们只有半小时的时间可以看电视或玩电脑。"或者说："开始就餐前我们每个人都必须把手洗干净，这是家规。你还有一分钟的时间，动作快一点，看看你能否跑赢计时器！"或者说："我们家骑自行车和玩滑板的规矩是，在晚餐前你必须把它们收好放起来。"

不要带着怒气管教女儿，管教女儿的动力，在于帮助她将来学会做出更好的选择——承担后果可以起到教育的作用，它要比你的怒气或说教更加有效。

因此，面对问题时，你应该站在女儿一方去支持她，并对她将要承担的后果表示同情。比如你可以说："你忘记把自行车推回家放好，多令人遗憾啊——因此直到周末，你都不许再骑它。"或者这样说："下雨时你忘记把鞋子收回家了，因此这双鞋你必须等到下星期才可以重新穿上。"或者这样说："我已经告诉你不要再那样做了，但是你又做错了。牢记这条家规：你必须承担这样做的后果，提前半小时上床睡觉！"

当女儿深感不安时，作为父母，关键是要保持冷静。让你的女儿承担事情的后果时，她可能会不大高兴，但如果当她决定抵制承担后果时，你必须态度坚定地与她的抵制行为做斗争。在她意识到自己抵制的并不是你，而是做错事后应承担的后果时，你要做的只是按照家规让她承担一次后果即可。

告诉女儿在做事之前必须考虑他人的感受

　　要允许你女儿在小事情方面的失败,这样她才能够体验失败带来的后果,乐观积极的家长这时还会教女儿分析失败的前因后果。只要女儿所遭遇的失败不至于造成生命危险或者道德上的谴责,你就应该给女儿自由选择的权利。只有不怕沉入水中,才能学会游泳。例如,如果女儿想花光所有的零用钱,那么后果是在下次发放零用钱之前,她就只能一分钱不剩了。又如,如果女儿忘记带午饭便当,那么她每学期只能得到一次免费派人替她送午餐的机会,其余忘带午餐便当的时候她就只能挨饿。

　　当女孩进入青春期时,我们的管教风格也该相应地做出改变,我们应该更多地用行动影响她,而不是一味地控制她。

　　许多家长认为,他们只要让女儿因做某件事而产生坏心情、罪恶感或者羞耻感,这样女儿就永远不会再做类似的事情了。不幸的是,这样的想法根本不管用。家长的想法也许不错,这样会让女儿产生羞耻感或罪恶感,甚至可以让她在一定程度上顺从家长,但这种做法并不能帮助她在下次遇到此类情况时做出更好的选择,或者让她明白自己有能力独立思考。

　　因此,作为一名教练员,你管教女儿的方式应该是支持她,而不是谈论她的具体错误行为。如果女儿在超市或餐厅里做出了不当言行举止的话,你无需为你的管教技能感到尴尬,也不要责怪女儿的所作所为。问题的关键不在于她做了什么,而在于你的反应,你可以迅

7 把握爱女儿的程度

速抱起蹒跚学步的女儿,直接带她去停车场,并找个安全的地方让她坐下来静思两分钟。这一招非常管用。

我记得有一次我和妻子玛丽在澳大利亚昆士兰的阳光海岸度假,我们在一家餐馆里就餐时目睹了印象极为深刻的一幕:为了不破坏餐厅就餐的良好气氛,有一位父亲机智巧妙地对付突然乱发脾气的女儿。我们的邻桌,有一个与家人坐在一起的小女孩对服务员送上来的薯条表示不满,她先是不停地发牢骚,当她的父母试图安抚她的情绪时,她突然大发脾气,将所有的薯条撒落一地。我一边吃着餐盘中的食物,一边小声对玛丽说:"有一个很好的研究对象,正在我们面前表演呢!"

小女孩的父亲当即抱起她,既没有感到丝毫尴尬,也没有任何怒火,直接抱着她走出了餐厅。过了一会儿,我去了趟洗手间。在我回到餐厅的途中,看见小女孩跟他的父亲坐在楼梯的台阶上。我听见那位父亲平静地对小女孩说:"当你做好准备,能够做出得体的表现时,我们才能回到餐厅跟家人一起用餐。"几分钟后,我们看见那位父亲抱着面带微笑的小女孩回到餐厅,与家人一起继续用餐,小女孩再也没有表现出任何其他的异常行为举止。

当你的女儿拒绝按照你所教她的内容做时,那么你可以告诉她,你会一直"等到"她做好准备为止,不论是友好地对祖母说"你好",还是在超市里行为举止表现要得体,你都会等着她。如果她在超市里大吵大闹非要吃棒棒糖,你可以告诉她棒棒糖只有聚会时才可以吃,或者说点别的事情尝试着分散她的注意力。如果这样做都不管用时,你也许就该直接带她回到车里,把她系在儿童座椅上,让她静坐几分钟,而你可以在车外站着,或者安静地坐在车前座上。你必须向她传递一个明确的信息:你说的才算数,乱发脾气是没用的。

当女儿在超市里表现出举止得体时,应给予她奖励,比如可以奖励她一个蛇形果冻,或者一张可以在花园里野餐的礼券。

关键是你要向她展示如何表现得体的举止行为。当她做得不对时,你要帮助她纠正,同时不要忘记在语言上鼓励她。当她做出正确的行为举止时,你应该热情地拥抱她。

家庭行动

示范、提示以及强化

☑ 示范——在你们离家出门之前,你要提醒女儿将要做什么,让她练习一下到达目的地后应该怎样做。比如当你们一同去医院探望祖父时,你可以示范给她看,如何在病房里走路时轻手轻脚。

☑ 提示——当你们到达目的地后,要及时提醒女儿:"记住,我们必须小声说话,走路要轻手轻脚。你能做一下给我看吗?"

☑ 强化——当她按照你所说的做了,一定要表扬她。尤其当你们进入病房时,更要当着祖父的面好好夸赞她。

你不必因为孩子的失礼行为而感到尴尬。前面故事中提到的那位父亲，就很好地表现出家中大人应负有责任的态度，处理棘手问题很到位。千万不要让你的管教行动有一丝迟疑，要让女儿的错误行为立即被制止。

如何面对父母权威的降低

德国社会学家诺伯特·伊莱亚斯创立过一个"父母权威转向孩子"的理论。他是这样解释的：50年前，家长会告诉女儿应该选择哪所高中就读，而今天的家长会跟女儿商量就读哪所高中。今天的父母也许会建议甚至恳求女儿就读哪所高中，但最终的决定权依然是在女儿自己手上。父母权威的丧失，用伊莱亚斯博士创造的词语来说叫作"地位不确定性"，这一结果使得家长丧失了本来应给予孩子的"靠山"的作用。

在现代社会里，许多权利正从家长一方转移到孩子一方，这已经造成了两代人之间的关系发生了微妙变化。许多家庭，在许多场合有些孩子在与父母以及父母的朋友们说话时都是直呼其名，虽然这样做使得家长们比较容易跟自己的孩子成为朋友，但同时这也让家长们很难扮演好家长的角色。根据伊莱亚斯博士的观点，这会引起家长产生一种不确定感，并会让家长感觉像是"在茫茫大海中失去了方向"。友谊是社会中同龄人之间形成的互惠关系。而家长与孩子构成的社会关系，跟同龄人之间形成的互惠关系则完全不同，也不应该等同。

这种父母与子女之间发生变化的社会关系，也会给女孩带来不利的影响，因为父母往往会期待女儿能掌握一定程度的智慧并变得成熟，而这些却是女儿还不能做到的。小女孩只会按照事情的表面现象来理解事情，她并不是总能正确理解自己的所思所感，或者对她来说最好的做法是什么。

进入青春期后，女孩很少会深入理解自己的想法、感受和动机。在青春期的成长过程中，父母应该督促她把符合逻辑的事情后果与个人行为联系起来，帮助她从童年的"具体思维方式"转向成年人的"理性思维方式"。

爱的V形结构

心理学家兼教育学家西尔维娅·瑞姆提出了一个非常重要的原则，这个原则对你在教养女儿时会有帮助，她把它称为"爱的V形结构"。这个原则基于的想法是：人们一旦被赋予了权利，很少会不加抵抗就乖乖地放弃权利。然而，由此自然会得到一个推论：只要孩子明白自己正朝着获取更大权利的方向前进时，他们通常就会对现有的权利感到满足。在你孩子成长的过程中，你会逐渐增加他们自由选择的机会，并赋予他们更大的权利。因此，作为父母，从小教养孩子，是从爱的V形结构最底端开始的。

爱的V形结构的最底端代表了父母设定的规则。当孩子还很小时，他只有一点点的自由和少许的选择权。当孩子慢慢长大时，他的自由和选择权慢慢增加，就像"V"字的开口不断增大。最终，当孩子

7 把握爱女儿的程度

进入青春期时,就会处于V形结构的顶端,而你的家长权威也会降至最低,这时你教养孩子的大部分方式都变成了协商的形式。

当你女儿只有两岁时,作为家长,你会对她严加管制,她不会有很多选择机会,比如,你会要求她脚上必须穿鞋,下午应该吃一个苹果,睡觉时必须穿上睡衣。然而,在具体细节方面可以给女儿一个选择,如她可以选择穿凉鞋还是穿拖鞋,吃红苹果还是黄苹果,穿什么颜色的睡衣。

女儿7岁时,你应该制定一条家庭规则:她必须选择参加一项体育运动,但她可以自由选择参加哪种体育运动项目。当她再大一些的时候,她依然不能违背你设定的行为界限。不过,在不超越行为界限的情况下,她可以获得更多的协商机会,并在一定的范围内按个人意愿行事。

充分利用女儿想要取悦你的天性,与女儿建立亲密的亲子关系

★ 利用彼此间的心灵相通,而不是隔阂,使女儿和你之间步调一致。

★ 当你和女儿之间出现不愉快时,应改善彼此间的亲子关系,而不应关注事件本身。

★ 当你女儿无法处理某些事情时,允许她哭出来,而不要试图教训她一顿。

明确指出女儿的不良行为

不要忽视孩子的不良行为。你可以向你的女儿摊开问题，然后教她一种有助于解决问题的方法，以保全她的自尊，比如你可以说："现在瞧瞧，你在床上又蹦又跳，床可不是游戏场。我们的家规是：严禁在卧室的床上乱蹦乱跳。那么现在你该如何纠正错误呢？……我会在厨房干活儿，等你把卧室收拾好的时候，过来告诉我一声。"

父母应设立严格、公正和合理的家规

对下列事情，我们必须持有坚定的态度：

- ☑ 树立正确的人生观，比如要诚实和懂礼貌。
- ☑ 对他人以及所属财产表示尊重。

对下列事情，我们必须公正地处理：

- ☑ 时刻准备重新评估不合情理的决定。
- ☑ 在女儿不同的年龄段时，采取不同的管教方法。
- ☑ 女儿做错事的话须承担相应后果，这个"后果"应设定得合情合理且符合逻辑。

7 把握爱女儿的程度

> ☑ 爱女儿，但不是偏袒女儿。
>
> 对下列事情，我们应该友好地处理：
> ☑ 管教女儿时，不能有丝毫的愤怒情绪或暴力行为。
> ☑ 帮助女儿制定一个方案，以免她再发生同样的错误。
> ☑ 管教女儿时，注意我们说话的语调、措辞、态度和肢体语言，保持头脑冷静，避免使用"针锋相对的言辞"进行争斗。

教女儿学习铺床叠被，有助于她的大脑发育

乍一看标题，多数人会以为铺床与人的大脑发育无关，但是科学研究告诉我们，这是真的。美国芝加哥大学一项开拓性研究的发起人——罗伯特·威尔逊博士认为，小心谨慎的人患老年痴呆症的机会相对较小一些，而培养小心谨慎的性格，可以从父母教孩子学习如何铺床叠被开始。这也是为什么所有的父母都应该在家中形成有益健康的生活好习惯，以及制定必要的家规的另一个原因。

尽管你也许会觉得这跟女儿的成长没有多大的关系，即使患老年痴呆症也是几十年以后的事情了，但威尔逊博士却认为，喜欢认真学习，以目标为导向并且独立性强的人，这类人患老年痴呆症的风险要小很多。威尔逊博士对"小心谨慎"的定义是："我会使个人所属的物品保持干净整洁，我会按时完成应该完成的任务，我有着一系列明确的目标，我会有条不紊、按部就班地朝目标努力。"美国的《新闻周

刊》对威尔逊博士做过一次采访,他建议所有的家长应该鼓励孩子们能够按时完成家庭作业,学会自己铺床叠被,以使孩子们在团队合作和承担责任等方面树立正确的观念。

畅销书《孩子值得教养》的作者,儿童教育家芭芭拉·科娄罗索以教育儿童树立责任感和自主感而声名鹊起。在新西兰奥克兰新闻广播电台的一档访谈节目中,她首次与我探讨了一个教养孩子的新策略。我现在向家中育有青少年的所有的家长推荐这个策略,它会让你在处理类似的教养孩子的问题时受益匪浅。芭芭拉·科娄罗索是这样解释的:

如果我家的青春期女儿问我:"我能用一下车吗?"通常我会回答:"请说服我为何要同意你用车。"实际上,你可以用这句话回应许多类似的要求。这时女儿会继续说:"但是妈妈,我所有的朋友都试着开过车……"你可以这样回答她:"这个理由不能说服我。""但是妈妈,你都允许姐姐玛丽娅用车了。""这个理由仍然不能说服我。""妈妈,如果你不给我车钥匙的话,待会儿你就得亲自开车一个一个送我们每个人去参加培训班。""现在我终于被你说服了!"

芭芭拉·科娄罗索认为:"很多父母说'不'的频率太高。如果你不那么频繁地使用这个词,而是给予女儿更多的选择,她就会明白有些事情是可以协商解决的,因为你们都是家庭中的一员。但如果遇到必要情况时,你们一定要毫不犹豫地说'不',毕竟爸爸妈妈仍旧是家中的大人。"

7 把握爱女儿的程度

聚焦品行的培养

在你的家里,对你所珍视的所有品行特质,要养成一个正面肯定的评价习惯。你可以尝试着这样评价:"你画的这幅画,体现出了一种真正意义上的创造力。"或者这样说:"我很欣赏刚才你对那件事表现出的决心。"具体而有针对性的评价,才能突显你所赞赏的真正重点是什么。

用励志故事来激励女儿

你肯定很希望女儿能够树立远大的理想,包括你们家崇尚的价值观。不久前,有一位少女向我坦言:"我的父母对我非常严格,有时我甚至觉得他们是世界上最糟糕的父母。但我知道他们是在遵循自己的原则。为了做出正确的决定,他们总会站在他人的角度思考问题,并能设身处地为他人着想,正是这一点,使我想要成为像他们那样的人。他们会让我懂得,对于某些事情,如果他们不得不向我说不的时候,比如禁止饮酒或禁止参加聚会,他们一定会向我解释原因的。而且,他们总是会寻找一些替代的方法,让我不那么感到自己离群。他们总是让我们的家变成朋友们都爱常来的地方。实际上,我的一些朋友认为我们家是最温馨的地方,因为妈妈总会为我们精心准备可口的美食,而爸爸也总是受到我的朋友们的热烈欢迎。"

寻找一切可能的机会来激励你的女儿,引导女儿熟悉那些做出过杰出贡献的伟大女性的故事，比如意大利白衣天使南丁格尔，慈善工作者特蕾莎修女，还有许多当代的杰出女性，从她们身上学习女性的自尊、自律以及其他优秀品质。全家人可以围坐在餐桌旁，包括儿子也可以参加，由一人朗读那些杰出女性的励志故事，然后大家讨论她们所做过的人生重大决定，以及这些决定最后有什么影响。

让女儿明白你始终站在她的一方

要让女儿明白她可以跟你谈论任何事情，并且你会永远陪她一起努力解决问题——共同面对问题，而不会跟她对立。当一个问题出现时，你应该这样问："你有没有想到什么办法呢？我们应该如何解决这个问题呢？"或者这样问："真遗憾，你需要怎样做才能使情况好转呢？"或者说："我相信你能处理好这件事。如果你需要我的话，说一声就行了。"

女儿放学后回到家中的一段时间，是让她简述一天生活和卸下重负的好时机。她遇到的事情可能是沮丧的或者让她焦虑的，但若能与家人聊聊天，将有助于她卸下沉重的心理负担，并获得客观正确的见解。

女儿回到家后，你要营造一个良好的家庭氛围。收音机里播放的音乐旋律，能营造出一种轻松快乐的气氛；桌上摆放的一束新鲜的雏菊，一杯热饮，或者一些新鲜出炉的蛋糕或面包，能营造出一种温暖的氛围。这为刚到家的女儿与你建立心灵沟通创造了一个良好的开端，你可以用热情的拥抱、快乐的心情和灿烂的笑容迎接女儿回家。

7 把握爱女儿的程度

女儿回家后听到的第一句话,决定了她会产生积极回应的情绪,还是消极防御的情绪。温馨的家庭氛围一定能让女儿获得好的心情。

实用技巧

★ 记住,你的女儿并不是故意要与你作对,她只不过是一个缺乏自律的孩子。你理应成为家中负责任的大人。

★ 如果有可能,要向你的女儿解释清楚所有家规的设立原因,例如:"在我们家,我们不许在椅子上乱蹦乱跳,因为这样做会损坏椅子。"

★ 如果今天制定的规则与平时不同,要向她解释原因,例如:"我们正在等待客人的到来,因此今天早上不许在客厅里摆放玩具。请把玩具都收拾到你的房间里。"

★ 如果你想让女儿时刻遵守行为界限,那么你必须树立好榜样。例如,当电视节目结束时应立即关闭电视机,晚上看书应安静,购物花钱应合理。

★ 针对年龄小的女儿,你还可以用在储蓄罐里放入零用钱的方法作为奖励。例如,女儿做对了事情,你可以在储蓄罐里放入一枚硬币;女儿做错了事情,经你指出后她改正了,你也可放入一枚硬币。

女孩需要这样的父母

☑ 提供明确、具体的行为界限,对可接受的行为做出准确的描述。

☑ 对于违反行为界限的行为,设定必须承担的相应后果时必须合情、合理。

☑ 制定的规则如果没能达到需要反复强化的重要程度,就不必将它视为规则。

☑ 管教女儿应持有的一个理念,是展现女儿最好的一面。教导女儿辨别是非曲直,培养她良好的社交技能和自律性。

☑ 当女儿做对事时应给予表扬。

8 女儿的小学阶段

nü er de xiao xue
jie duan

读小学的几年时间,是培养女儿建立自信以及鼓励她学习各种技能的最佳时期。你的女儿在接受幼儿的早期教育后,已经具备了一定程度的独立性,然而小学阶段的教育往往比幼儿早期教育在内容上要多得多。

尽管女孩的某些行为，比如嫉妒、说长道短、钩心斗角等，或许比较常见，但她们其实并不是像我们想象的那样喜欢出现这些行为。根据我们对上千名年轻女性的调查，包括对她们的职业、个人生活习惯等做的调查发现，女孩们不仅可以变得和善，而且当她们真的表现和善时自我感觉会更好。

——引自雪柔·尼克松的著作《女孩战争》

读小学的几年时间，是培养女儿建立自信以及鼓励她学习各种技能的最佳时期。你的女儿在接受幼儿的早期教育后，已经具备了一定程度的独立性，然而小学阶段的教育往往比幼儿早期教育在内容上要多得多。

学龄期女孩往往喜欢是非分明的规则，并且容易受到来自教师以及其他成年人的影响，从而学习什么是对什么是错。正因为如此，当她从学校回到家里时常会说："这一定是对的，因为琼斯老师就是这么说的！"此外，她也会学习如何与同学建立友谊以及与他人相处，并且对做任何事都持有乐观的态度，这也往往成为学龄期女孩们的典型特点。

小学阶段也正是女孩学习音乐和参加体育运动的最佳时期，这为你教女儿树立自我价值观提供了良机。

8 女儿的小学阶段

7到15岁是女儿接受价值观的关键时期

如今的生活在方方面面都变得更加便捷，因此在女儿的学龄期，一些母亲常会重返职场，以便让女儿逐渐步入学校生活的正轨。当我们只需要送女儿参加各类舞蹈班或体育活动，并协助她完成家庭作业时，生活似乎就变得更加简单轻松。

但是女儿的小学阶段给你提供的教育机会远不止这些。女儿读小学期间，是你为她塑造品行的真正良机，并能够让她留下美好回忆。你在女儿读小学期间所投入的教育，会促使她顺利度过即将到来的青春期。有人曾用漂流运动中的术语来比喻人生不同的成长阶段，他们把漂流过程中激流到来之前的"一段平静水流"比喻为小学阶段。这一时期你应为女儿编织好一件"价值观外衣"——也许将来她会自行拆散并重新编织一件这样的外衣，但这一时期，应该是你积极主动地教她学习掌握各种价值观的关键时期。

当你鼓励女儿多想一些有关家庭活动的好点子时，你的家也将成为激发她创造力的一个摇篮。可以让你女儿负责一次"家庭之夜"的讨论活动，建议她在餐桌上摆放鲜花，并在每位家庭成员的餐盘下面放一张写有问题的小卡片，让她决定晚餐的菜单，并协助准备晚餐的食物。

我们家的孩子们从来没有忘记，在他们读小学时，我们家是如何把共同准备早餐当作一件头等大事来对待的。吃早餐时，我们会阅读一篇简短的励志故事，随后提出两三个问题，大家讨论。并且我们在开始忙碌各自一天的工作前,会和孩子们聊聊他们这一天要做的事情。我们的女儿坦言,童年时期她度过的每一个早晨对她来说都特别重要。当然,孩子们还会提到很多其他具有重要意义的事情。在我们出门开始一天忙碌的工作之前,那些无数个早晨让我们获得了短暂的休息和放松,同时也让我们的孩子们在开始一天的学习生活之前,体验到了获得父母支持的积极感受。

我在给孩子们读故事时,经常会添油加醋地将一些家庭趣事融入其中,那是为了让他们保持高度的"警觉"。我会冷不丁地向年龄最小尚未上学的孩子突然提问,但我会确保那一定是他答得出的问题,比如我们家狗的名字叫什么。没错,像这类定期举行的家庭活动,或许意味着我们必须提早半小时起床做准备,这对许多家庭来说可能不大现实,但如果你能把这样的"心灵沟通时间"作为优先考虑的事情来对待,那么你一定会为其产生的积极作用感到惊叹。

想要培养孩子们的好习惯,就必须投入一定的时间和精力。如果你能严肃认真地对待这件事,就会把它纳入一周常规事务中并逐渐养成习惯。最近有报道认为,目前在世界上,新西兰人每周的工作时间最长。我们对那些必须长时间地工作才能为孩子们提供衣食住行的家长们抱以无比敬佩之情,但我们还是要鼓励他们思考一下,该如何将家庭生活安排得更好一些,比如稍微减少一点工作时间,以保证一周有一天时间可以始终和家人在一起。也许你还可以暂缓追求一些较高的经济目标,或者家中的旧车可以再将就使用一段时间,这样做的目的,是能够让你牢牢把握女儿成长中的人生重要时期。

女儿在 7 到 15 岁之间,尤其是 13 岁左右,是她最容易接受和学

8 女儿的小学阶段

习价值观的关键时期，也是培养她的道德观念和是非判断力的最佳时期，一旦定型就很难再改变，即便长大后也很难加以纠正。进入青春期后，大多数女孩都不会明显改变原来持有的道德观。

有意识地在家里创造教育孩子的机会

通常，你的孩子能够通过观察你的言行举止来接受你遵循的价值观，但我们身为父母也有必要与孩子多交流思想，讲讲那些体现高尚品德的各种传奇故事。每个孩子的思想就像一个花园，如果我们把崇高的信仰和美好的期望以及希望看到的人生态度，精心种植在这个花园里，那么这个花园里杂草生根发芽的空间就会小很多。积极乐观的教育能够预防很多错误态度的形成和不良行为的发生。这正应了那句名言："思想决定行动，行动决定习惯，习惯决定性格，性格决定命运。"

新西兰著名教育顾问吉姆·韦德曼的研究重点主要集中在家庭教育方面，并形成了一些非常有用的研究成果。他认为，我们留给孩子们的无形财产可以分为三类：一类是精神财产，一类是人际关系财产，还有一类是情感财产。他还认为，我们不必重复我们的成长过程中的教养模式。通过做各种积极的决定和重新思考我们正在做的事情，身为家长的我们就可以重建家庭生活的新模式。你创建的家庭是女儿的人际关系财产，她可以从你身上学会尊重和服从；而你则应该为她做出示范，证明这个家是如何为她服务的。

吉姆认为，传统可以使你的家庭形成自己的特色，能让女儿产生一种强烈的归属感，了解她是谁，以及如何从女孩过渡到成熟女人的过程。没有充满爱的家庭氛围，女儿不但不会接纳和汲取你的价值观，恰恰相反，她还可能会坚决加以抵制。

> 当女儿感到快乐时，她会自愿、主动地学习，而一些良好的习惯恰恰能够促使她感到快乐。

女孩在她的一生中将会遇到各种挑战，某些女孩还可能学会利用人际关系和语言技能攻击他人，因此如果想让你的女儿学会如何应对，则必须在她很小的时候就开始教她学会具备正确的处事态度。

体验"语言的力量"的小实验

1. 实验内容

让孩子们围坐在餐桌旁，给每个孩子发一支小的牙膏（类似于酒店用的一次性牙膏）和一个纸盘，让他们进行比赛，要求他们在3分钟之内，尽可能地将牙膏全部挤到纸盘里。等孩子们挤完牙膏后，给每人发一把汤勺，然后在桌上摆放一张10元的纸钞，并告诉他们，能够最先将所有挤出来的牙膏塞回牙膏管里的人就能赢得10元钱的奖励。

> 给每个孩子10分钟的时间,让他们尝试着去完成任务。(放心,你的钱是绝对不会被赢走的。)
>
> **2. 提出问题**
>
> 哪一项任务更难一点,是挤出牙膏还是将牙膏塞回牙膏管里?
>
> **3. 总结道理**
>
> 这个实验表明,一旦从人的口中说出去的话,是永远无法收回的。就像牙膏从管子里被挤出来一样,不可能再被塞回管内。因此,我们从嘴巴里说出来的话,应该是发自内心并经过大脑思考过的。我们的内心控制着大脑,而大脑控制着我们要说什么。使用语言,我们能够激励别人,但也能够打击别人。

想要了解你的女儿或者你生活中的某个人,是需要花一生时间的。然而,就算你观察到了女儿的某些性格特质,但对她如何"思考事情"也只能形成一些简单的见解。你如果能使她产生一种被父母理解的感受,那么一旦遇到压力,她就会求助于你,你们之间也会避免发生个性冲突。

你女儿可能属于内向型性格的人,也可能属于外向型性格的人,如果她的个性与你的个性相似,她就会与你产生共鸣;如果她的个性跟你的个性完全相反,她就需要花时间来理解你。如果你女儿是一个外向型性格的人,她往往会跟你诉说一切她遇到过的事情,毫不迟疑地与你分享她所有的想法。但如果她是一个内向型性格的人,那么让她尝试与人分享个人想法或者变得好交际一点,或许对她来说是一件很困难的事。

作为一名家长,你应该确保给内向型性格的女儿在餐桌上发言的种种机会,让她说出心中所想、所感或者她所想要的东西,使她跟健谈的兄弟姐妹有同等表达个人想法的机会。也许她需要更大的空间或者更多的时间将个人想法表达出来。你可以将餐桌上的胡椒粉调味瓶当作"发言话筒",轮流传递,让每个人都有机会发言并发起讨论话题,哪怕是年龄最小的孩子,也要让他(或她)获得同等的发言机会。

为了让女儿说出她的想法,让她学会倾听自己内心的声音,也许你需要养成一种聆听她倾诉的特殊习惯。你向她诠释她的个人感受后,她就会慢慢学会相信自己的观察。

每种性格类型的人都有着不同的需求,理解这一点就能为彼此的沟通打开一扇门。

外向型性格的女孩需要:
- 表达个人想法的机会
- 开诚布公地与人沟通
- 提问之后希望快速得到回答
- 在一个团体中畅所欲言地表达

内向型性格的女孩需要：
- 做出回应前有思考的时间
- 不受干扰的安静的时间
- 一对一或者小群体的讨论
- 事先被告知讨论的话题

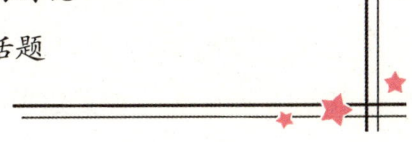

有一位母亲曾经告诉我："我家8岁大的女儿每次怒气冲冲而又筋疲力尽地回到家时，她都会把自己关在卧室里一段时间，事后她会自己走出房间告诉我在学校里发生了什么事情。当我问她为什么不邀请朋友们来家里玩时，她却淡定地回答：'我只想独自待着。'直到那一刻我才突然意识到，性格内向的女儿是因为承载了过多的人际交往，她需要一段独处的时间重新找回心理平衡。"

了解女儿表达爱的方式

如果你不能保证花大量的时间陪伴女儿，那么她就感受不到你对她的特殊的爱。作为家长，你或许会认为，你是通过送女儿礼物或者表扬她的方式来表达你内心真爱的，但仅有这些是不够的。

对女儿表达爱的方式，归纳起来包括以下几点：

1. 拥抱；
2. 赞扬；
3. 花时间陪伴；

4. 送礼物；

5. 为她服务。

如果你女儿总是喜欢把包装精美的小礼物送给你或者她的兄弟姐妹，那么她表达爱的方式很可能就是送礼物。所以，如果偶尔你能带个小礼物回家，送给她，让她有一个惊喜，她一定会感觉到你很爱她。其他一些女孩喜欢受到表扬，有些女孩则需要经常拥抱或依偎，还有一些女孩喜欢你和她们一起做事情。所有的孩子都理应得到父母的爱，上面提到的这个技巧，能够让你了解女儿并理解她的天性。如果你仔细观察女儿，就一定能敏感地做到及时回应她，用她偏爱的方式向她表达爱，同样，她也一定能感受到你的真爱。

你可以将这些表达爱的方式运用到你的家庭中。你可以向女儿清楚地描述每种爱的表达方式，问她偏爱哪种方式，还有她认为自己最亲密的朋友以及家中的其他成员偏爱的是哪种方式。也许从6岁开始你女儿可能就会说出她偏好的表达爱的方式，那你也不需要感到惊讶。我们家的女儿在小时候最喜欢的爱的表达方式，就是让人陪她一起做事情。当她成长到十几岁时还常常对两个哥哥调侃说，她喜欢的爱的方式可是"非常昂贵的礼物"噢，比如共同参加一次郊游，或者陪她参加一项体育比赛，这些活动都能使她强烈地感受到被爱。

教女儿学习如何结交朋友

女孩的个性和她的快乐程度，取决于她与别人建立的友谊质量的高低，这一点也不假。友谊可使她磨去个性的锋利棱角，让她学会

8 女儿的小学阶段

与他人公平相处，并为了更大的利益学会折中。友谊上的种种小背叛和童年时的惶惑不安感，促使我们树立了道德感，并帮助我们确定了对于他人应该珍视什么。但对于大多数女孩来说，成长的道路上会遇到更多痛苦的教训。曾经有一位母亲告诉我："我经常向女儿灌输，如果我们对人友好，就会拥有更多的朋友。如果事情并非如女儿所愿地顺利进行时，我会试图鼓励她。我们也会谈论那些让女儿深感不安的事情，然而这未必就一定意味着对她是一种残忍行为或伤害——即便她确实有那种感受——我们会向她解释，每个人在看待事物或听说一件事时，会产生大相径庭的看法。"

正如我们所看到的那样，所有的女孩都善于观察，但她们的理解、诠释能力很弱。她们会把那些并非针对她们的事情看作是针对她们的事情，因此只有爱她们的父母才能够帮助她们纠正错误的看法。

小学阶段是你帮助女儿与别人建立友谊的关键时期。或许你需要创造各种机会与女儿的朋友们成为朋友，以积极友好的态度向她们示好，并与她们建立友谊。虽然不是所有的女孩都喜欢广交朋友，但女儿如果连一个知心朋友都没有的话，她很可能会感到苦恼。

如果你女儿是被某些坏同学欺凌的对象，那么你首先要做的就是给予她无限的爱和全力支持。之后如果这种情况继续存在，那么你就要让她有捍卫个人利益的观念，并付诸实际行动。如果问题还是存在或者变得更加严重，从某种程度上来说你必须加以干涉，但如何干涉你必须深思熟虑。与对方家长对质通常不能起什么作用，有时甚至还会适得其反。你可以先与女儿的老师沟通，用不带个人情感的理智方式向老师说明所观察到的问题，问问老师在班级里是否也发现过同样的问题。千万不要直接找欺凌女儿的孩子解决问题,因为这不仅可能会让女儿感到受了羞辱,还会让她的每个同学都知道她陷入麻烦中。

如果你觉得女儿需要学会一些技巧,你可以这样问她:"你准备用哪些办法来解决此事呢?"或者问:"这个办法效果如何?"或者:"下次你打算怎么做呢?"

女孩之间的欺凌行为常常不易被察觉。有一位母亲发现,她九岁的女儿经常从家里偷偷拿钱,她以为女儿沾染了偷钱的坏习惯,深感不安。在意识到女儿的反常行为后,这位母亲并未立即声张,而是进行了深入的调查。她终于发现女儿在学校被一群高年级的女生欺凌,女儿必须从午餐盒里给她们一点什么,或者借给她们一些钱,"才被允许加入她们的小团体"。

搞清楚事情的来龙去脉后,这位母亲并没有对女儿横加指责,而是一如既往地爱她。她让女儿通过做额外的家务活赚取零花钱,用以偿还之前从家中拿走的钱,同时她也认真仔细地聆听了女儿的倾诉。处理这类小事时,母亲可以这样劝慰女儿:"亲爱的,你不必非得跟这些女孩交朋友。"这样做足以让你的女儿摆脱这些女孩的控制,从而重获自由。

倾听女儿的心声,你能为她提供成年人的智慧和慰藉。

我们有过这样的体验:如果三个女孩成了朋友,其中两个有时会排挤第三个女孩。对于遭遇这种处境的女孩来说,真正令她痛苦的似

8 女儿的小学阶段

乎是她根本不知道自己做了什么才导致了这样的事情的发生。

作为一名家长,你应该鼓励你的女儿,向她解释这并非是她的问题,而是那些女孩做得太过分了,并再次使你的女儿确信她是一个值得交往的人,而犯错的其实是那些女孩。当女儿处于小学阶段这段人际交往的艰难期时,你应该尝试着转移她的注意力,让她把精力转移到她的兴趣爱好上来。有一位家长曾经对我说过,她7岁的女儿得知自己最好的朋友加入另外一个小团体后,每晚哭着入眠共持续了数周时间。为了抚慰女儿受伤的心,这位母亲替女儿和自己特制了一个"放学后行程安排"计划。她替女儿报名参加了钢琴兴趣班和戏剧兴趣班,并且每周还安排一天图书馆活动日。当女儿全身心地投入到童话剧的排练中,并结识了戏剧班上的新朋友后,女儿变得开朗很多。几个月后,女儿原来的那个"最好朋友"也决定一起参加钢琴兴趣班的学习。

通过提建议的方式,家长能够给女儿提供帮助,比如你可以这样说:"想想看吧,也许有个女孩比你更加觉得孤独呢,或许你可以跟她成为朋友。"或者这样说:"即便你没有结交到好朋友,你依然可以做到对他人友好。"

实用技巧

★ 让女孩变坚强的关键是先要聆听她的倾诉。

★ 当女儿回到家中说"没有一个人喜欢我"或者"每个人都讨厌

我"时，仅凭这样的话你很难断定她是否处于暂时受排挤的状态，你可以向女儿的老师或其他孩子的家长了解一下情况，知道女儿平时跟同班同学是如何交往的。

★ 为女儿提供参加各类集体活动的机会，如参加体育运动、音乐俱乐部、戏剧俱乐部等，这些活动都能使她接触到校外的社会团体，让她能够结交不同的朋友，并获得朋友的认同。

要知道，受欢迎并不代表建立了友谊。有些孩子十分喜欢独处，至少在某些时候如此，并且满足于只有一个或两三个好朋友。而其他一些孩子则由于脾气和偏好使然，想拥有更多的朋友，或者处在一群朋友中他们才能体验到快乐。然而，所有的孩子都需要具备一定程度的社交能力，如果能够得到这方面的指导，他们就会觉得很充实。

随着女儿的逐渐长大，你可以在很多方面教她如何建立友谊。你可以教她学习一些基本社交技巧，并让她付诸实践，比如让她邀请一个朋友来家里做客，或者让她学习如何称赞他人。你还可以教她学习与其年龄相符的聊天开场白，比如："请你先说。"或者："我们现在该谈点什么呢？"你也可以教女儿学习如何鼓励他人，比如一场游戏胜利后该如何称赞队友。帮助女儿学会用乐观积极的言辞表达想法，比如多说"好主意！"或"做得好！"之类的赞美之词。在你家中，你们应该多练习使用这类语言。

为亲朋好友制作贺卡和礼物，也能为女儿提供锻炼社交技能的机会。尝试着提出一些积极的想法，将有助于女儿把注意力从自己身上转移到他人身上。

8 女儿的小学阶段

你可以允许女儿邀请一个女性朋友来家里过夜。她可以打电话邀请朋友来家里，但如果你能主动结识女儿朋友的父母的话，则更加有助于巩固女儿和她的朋友之间建立的友谊。结识女儿朋友的父母是很值得你做的一件事。两个孩子的家长若能保持联络，则能够促使她们之间建立更深厚的友谊。

在学校里与同学怎样相处

一些学校的校长和教师们经常感到惊讶：许多家长只想知道自己的孩子在学校里的学业如何，却从来不关心那些对孩子来说真正重要的问题，比如孩子在人际关系方面是否适应得很好。这一现象说明我们需要真正地关心女儿。

你要关心女儿的两个问题：
- 我的女儿有没有结识到新朋友？
- 她是否愉快地适应了学校的生活？

对一些孩子来说，学会人际交往是水到渠成的事情，但对另一些孩子来说却是令人烦恼的事。后者需要得到父母有意识的鼓励，父母应该教导他们如何与人交往。新西兰奥克兰市一名育有两个孩子的母亲苏姗·布莱尔，想出了一个叫作"友谊游戏"的好点子，可以用来教导6岁的女儿该如何充满自信地顺利度过刚上小学的那段日子。

"友谊游戏"是这样的：

这个所谓的"游戏",本质上是让女儿把人际交往、结识陌生同学当作一个大的游戏,使女儿学习人际交往技巧更轻松些。苏姗给这个学习的过程贴上了游戏的标签,使它变轻松了,为的是预防女儿产生过大的压力。一天的学习生活结束后,苏姗可以这样不经意地询问女儿:"游戏进展得如何?"或者问:"'友谊游戏'中的哪部分让你觉得最开心呀?"而不是以调查、盘问的方式来了解女儿是否结识了新朋友。

用游戏来代替学习,可以让女儿明白,社交技能或许不是她的强项,但可以通过制订训练计划来锻炼这方面的能力。

家庭行动

"友谊游戏"的几个要点:

☑ 了解其他孩子对你的看法。

☑ 在团队中当众发言。

☑ 主动询问一个团队是否同意你的加入,而不要被动地等别人来邀请。可以尝试加入不同的团队。

☑ 和班里的大多数同学成为朋友。

☑ 如果你必须对别人说"不",一定要给出解释。

大多数家长懂得与他人和睦相处以及建立友谊的重要性,但他们往往不了解应该从哪里着手,才能有助于孩子学会如何建立十分重要的人际关系。我们常常期待孩子们能够通过观察我们的言行举止来学习社交礼仪,或者慢慢培养他们建立良好人际关系的习惯,但不幸的是,事实并不像我们想象的那样简单,就像其他任何技能一样,当学习进展不是那么顺利时,大多数孩子不得不接受指导。

鼓励女儿在生活中养成好习惯

好习惯是良好行为举止金字塔的基础部分。养成家庭生活中的好习惯,模仿礼貌行为,使用礼貌用语"请"、"谢谢"和"对不起"等,应该是家庭"教育"的职责。你可以每周教女儿学习一个新的礼貌行为,同时练习就餐礼仪。有一位母亲曾对我说,她在家经常用大餐盘上菜,允许孩子们选择自己想吃的食物,但要求每个孩子先为身边的其他成员夹菜。用这个方法,孩子们不仅可以吃到种类丰富的食物,还能学到礼仪知识,表现出对彼此的尊重。

著名教育家罗斯·坎贝尔博士是畅销书《如何爱你的孩子》的作者。他认为,在女孩快读完小学的阶段,作为家长,尤其是父亲,有时会刻意疏远女儿,因为他会对是否还应该像小时候那样毫无顾忌地拥抱女儿心存疑虑。但恰恰在这一阶段,你给予女儿的各种积极肯定的态度正是她迫切需要的东西。换句话说,当你女儿明白你会全力支持她,并且在任何时候都能够得到你的肯定和慰藉,她就能形成强烈的安全感。所以,不论何时,你都应该尽量保持拥抱和爱抚她的习惯,即便是拍拍她的后背或是摇摇她的肩膀也行。这个年龄段是女儿最终意识形成的关键时期,你和她之间的促膝交谈为她提供了探讨问题的机会,并能使她更加坚信自己的价值观。

让女儿有一个健康美好的精神状态

　　自信既不是来源于你的穿着,也不是来源于你银行账户里的存款有多少。自信源自你大脑里接受的各种信息。父母向女儿灌输的全部信息,能够让她积累人生的智慧。即便将来女儿离开家时,这些智慧也会在她剩余的人生中陪伴着她。父母可以向女儿灌输类似这样的价值观:"医书里说,有两样东西是最有用的灵丹妙药:一个是开心的笑容,一个是睡个好觉。"

　　你可以和女儿约定:当女儿过10岁生日时,你和配偶就选定一个周末单独带她户外旅行一次。让女儿在几年前就对即将到来的10岁生日旅行抱有很大期望,允许她和你一起分享她为自己制订的旅行计划——可以是一次海滩之旅,可以是一次户外野营,也可以在一个配备游泳池的汽车旅馆里度个周末,或者是观看一场马术比赛。任何让她着迷的活动都可以考虑。在女儿步入青春期阶段之前,这样的活动会带给你和女儿许多共同度过的美好时光。

　　让女儿对10岁生日的旅行活动充满期待是有着非常重要的意义的。也许过不了几个月她就会改变原先制订好的旅行计划,但重做旅行计划对你和女儿来说都将是一件非常快乐的事,例如,在她7岁时或许她想和你一起滑冰,9岁时也许她的想法会彻底改变,期待在儿童乐园玩上一天。

8 女儿的小学阶段

你说出的话都应该是具有积极意义的。永远不要给女儿贴上消极的标签,比如说这样的话:"你就是一个假小子。"或者说:"为什么你不能像乔蒂那样自己上街呢?"

可以多说类似这样的话:"今天你能不能陪我一起去米莉家做客呢?"或者说:"没有你陪我去,情况是不一样的。"

人类是复杂的高等生物,独一无二且有着特殊的尊严。我们既有能力展现我们的聪明才智,也可以对他人表示爱和友好,对动物和环境表示关心。这些能力说明了人类的存在不仅是自然界适者生存的客观结果,还表明人类具有的个性、勇气和良知是人类特有的东西。因此,由我们教养的女儿,不仅需要她在身体、智力和社交能力等各方面得到发展,还应该在精神上有着健康美好的状态。

★ 你应该教女儿学会如何与他人建立友谊,但要切记的是,你和女儿之间或许有着不同的性格,因此她在人际交往时应采取因人而异的方式,找到适合她的有效的方式。

★ 你可以告诉她,在某些情况下,她也许会失去一个最好的朋友，但这不是她的错。万一发生了这种事，一定要让女儿在心理上有接受的能力，同时，你要理解她的感受并对她给予安慰。

★ 跟女儿多聊聊学校里发生的事情，了解她遇到那些事情时可能会怎么做或怎么说，以提高女儿应对棘手问题的能力。如有必要，你甚至可以对她说："把我当成你的老师，把你想要说的话全部说出来。"

★ 女儿使用电子产品时你要加以监管，在她看电视、上网时，你应对她表示信任。

★ 让女儿每年选择一项体育运动或一项有创造力的活动，以培养她的各种技能。一旦她做出了选择，务必让她坚持学习一年。

 女孩在小学阶段需要什么样的父母？

☑ 让她建立自信心并鼓励她学习多种技能。

☑ 鼓励她的创造力和主动性。

☑ 向她灌输价值观。

☑ 花时间去了解她的个性。

☑ 教她学会与他人建立友谊。

☑ 创立家庭传统，让她形成一种归属感。

☑ 给予她大量正面的、积极肯定的评价。

9 女儿的青春期前阶段

nü er de qing chun qi qian jie duan

女孩的青春期前阶段是未曾有男生闯入的一片净土,或许这会让你和女儿都感到十分迷惑。但一切似乎都在发生着改变,你心中原来的幼小纯真的女儿——如此自然、开放和充满自信的女儿——正在渐渐消失。

> **女孩子**需要有人为她制定行为规矩。一个十二三岁的女孩，仍然是一名小女生，哪怕她表现出一种不愿沟通的态度，也要请你经常与她保持交流，但不要对她无休止地抱怨或指责。
>
> ——新西兰佩雷克女子学校校长杰茜

如果你家中养育的是女儿，你就会有一段女儿青春期前阶段的体验，你会发现这一阶段是一个不停变化的时期。这几年有时也被形容为"令人生畏的青春期前阶段"。

当女孩十岁时，甚至在最要好的朋友之间也可能会突然发现，她们彼此之间对男生的看法大相径庭。其中一个女孩或许突然觉得男生非常吸引人，而另一个女孩仍然觉得男生的行为都十分怪异，而宁愿继续跟自己的芭比娃娃玩。

女孩的青春期前阶段是未曾有男生闯入的一片净土，或许这会让你和女儿都感到十分迷惑。但一切似乎都在发生着改变，你心中原来的幼小纯真的女儿——如此自然、开放和充满自信的女儿——正在渐渐消失。父亲能够觉察到女儿的身体在逐渐发育，但心存疑虑是否该继续像小时候那样毫无顾忌地拥抱她。而女儿似乎也在刻意地与父亲保持距离。

父母在女儿这一成长阶段要做的是，有意识地与她保持良好沟

9 女儿的青春期前阶段

通,并要做得恰到好处。此时的女儿其实非常需要你,即便她未曾向你透露出一丝一毫这种需求,但你决不可忽视。如果在步入青春期前阶段,她已经被培养出健康平衡的心理情感,并因此获得父母的肯定,那样会促使她在不久的将来表现得更加出色。你作为成年人,如果能为女儿的成长打下坚实的情感基石,并始终担负起"大人角色"的话,当女儿陷入情感混乱时,那么你就能够向她提供她所需要的指导。

切记,你也许比你女儿更了解她。

实用技巧

乔娜·迪克博士在她的著作《女孩本色》一书中这样写道:

★ "你家处于青春期前阶段的女儿会觉得,虽然你没有多少智慧,但她还是会把你当成她言行举止的榜样。"

★ "你女儿会假装对你说的话一个字也不听,但行动上她会按照你说的去做,因为她其实用心在听。"

★ "你可以在某一天突然称呼女儿为'青春期前小丫头',她肯定会问你为什么如此称呼她,这时你便能自然而然地引导她跟你谈论青春期前阶段里一些曾经不愿谈及的'灰色话题'。"

★ "晚上睡觉时要像小时候那样帮她盖好被子,但白天对待她时要像半个大人那样尊重她,尤其是有其他人在场的情况下更应如此。"

在女儿进入青春期前阶段时，你应积极主动地采取措施，让女儿精力专注，避免她在这几年里变得不知所措。曾经有一个少女告诉我，她爸爸在她成长的这一阶段是如何始终如一地陪她一起做事的，比如教她玩水上运动，读她爱看的书等。我十分欣赏这个女孩的父亲的做法。女孩最后感慨说，是父亲让她变得与以前大不相同。她说："在这一阶段，如果爸爸带你参加户外活动，不论是钓鱼或郊游，你无需非得扮'酷'，只要展现出一个12岁女孩的真实面目就够了。当你遇到其他烦恼时，户外活动将帮助你排解压力。"

旅行会带给你一段无比快乐的时光。如果你把家庭旅行列为你们的生活计划的话，那么在实现计划的过程中将会带来难忘的美好时光。同样，与有着相同价值观且彼此信任的其他家庭一起结伴旅行，也是加深你家和其他家庭之间友谊的一项重要活动。

理解女儿有结交朋友的需求

对处于青春期前阶段的女孩来说，结交一个好朋友至关重要。作为家长，你要理解女儿的这一需求。如果你女儿跟她的一个同性好朋友闹僵了，或者出现一定程度的疏远，你要支持她，让她们恢复友谊。

我们家所居住的市郊有好几户家庭因为都育有青春期前阶段的孩子而经常在一起聚会，这些家庭为孩子们轮流主办的聚会被称为"周末家庭联谊会"。每次活动时，有两对夫妇负责这周的聚会活动。可以肯定地说，这些家长为孩子们创造了一项十分有益的社交活动，并且这项活动与孩子们的年龄特点也相适宜。他们付出的努力后来

9 女儿的青春期前**阶段**

得到了真正的回报。实际上,他们所做的一切就是为自己的孩子找到了一群乐观积极的"代理兄弟姐妹",并在孩子们步入青春期之前,使他们彼此成为好朋友。同龄人带来的"压力"如果是正面积极的,那么就会对孩子产生好的影响。让孩子结识一群朋友并与他们交往,即便他们不在一所学校就读也无妨,等孩子读高中时,这些朋友就会起到关键性的作用。这几户家庭的孩子们都觉察到,其他家庭的父母也非常关心他们。后来,孩子们步入青春期后,他们不仅不希望让自己的家长感到失望,同样也不希望让其他家庭的父母对自己感到失望。所以,对女儿的社交生活做出类似的"投资",是一件非常值得做的事,它带来的回报是无法估量的。同时,这也会让来自不同家庭的家长之间建立起深厚的友谊。

"周末家庭联谊会"的活动有:汽车拉力赛,滑冰,晚上观赏录像片(届时总会提供可口美食),有时还会邀请孩子们钦佩的学长参加讨论会。这一阶段的女孩并不像青春期女孩通常可能表现的那样,对父母参与活动表现得过于敏感。

重点培养女儿的兴趣

女孩需要一个能够使她不会跌倒或者在她人生遭遇暴风雨时可以牢牢抓住的支柱。这个支柱就是女孩的兴趣。带女儿参观展览馆、参加音乐会或者观看演出,都有助于培养她的兴趣。

美国巴纳教育集团对父母向子女灌输价值观的一些家庭进行过一次大规模的调研，他们发现：儿童在12岁时是成长过程中的一个关键节点，这时的儿童能够比较容易地接受并传承父母灌输的价值观。这一年龄的大部分儿童，会在一两年的时间里发生人生的重大变化并面临各种挑战，这些变化不仅关乎他们的个人形象，还涉及他们对道德、价值观、人际关系和人生目标的选择。这一时期也是亲子关系中将不得不面临的一个艰难时期，但同时也是父母必须与孩子们保持心灵沟通的关键时期。

向女儿传授正确的生理知识

对于进入青春期的女孩，以前各地的民族文化中都存在着为她们举行某种形式的成年仪式，以此标志着她们从女孩转变为女人。这类成年仪式通常由女性长辈主持，其作用一是欢迎该女孩正式步入成年，二是向女孩传授人生智慧。在我们高度崇尚个性化的西方国家里，通常女孩的第一次月经是由母亲悉心指导的，但整个社会却往往对女孩的性教育关注不够。有一位在学校工作的护士曾对我说，学校的性教育只强调情感问题以及避孕套的使用方法，女孩们若是在校园内谈论月经初潮则会引来他人的辱骂，这对于一个刚步入青春期的女孩来说会造成严重的心理创伤。通常的实际情况是，她们对此事会避而不谈——似乎认为这是一件非常不好的事情。

我们的建议是父母应该做到有备无患。作为一名爱孩子的家长，如果你能够从多方面向女儿传授必备知识，包括生理知识，那么她将

9 女儿的青春期前阶段

能更加从容地应对人生中的跌宕起伏。

设想一下，当你成长的过程中身体的某些部位发生了变化但又不懂究竟是怎么回事时，你是否还记得自己在那一刻的想法和感受呢？

当你女儿正经历由女孩向女人的生理转变过程时，她需要通过各种渠道积累知识，也许她关注的事物还是你从未想到过的呢。女孩常常会因为一些身体异常的变化而变得焦虑，例如当她的身体开始自然发育且臀部变大时，她也许会觉得自己变胖变丑了。这里有一点要注意："苗条文化"常常是引发女孩悲剧的又一个世俗文化——当女孩的身体开始自然发育时，她会受到杂志和海报里刊出的苗条女性照片的影响，这时女孩如果节食减肥的话，那将是大错特错了。

也许你的女儿正经历着从未体验过的痛经，这时你应该告诉她不必感到恐惧，因为这并不是她的身体出了问题，而是一种正常的生理现象。让女儿确信她已万事俱备，能够顺利度过月经期，而且要让她知道，世界上每一个女孩都会经历这样的"成长烦恼"。

你的女儿或许会想知道，她的朋友们是否已经开始经历月经期并感到焦虑不安。女孩最常见的恐惧之一就是害怕碰到丢脸的事，例如在学校期间或有人在场时，被发现自己对突然来临的月经没有丝毫的准备。因此你必须让她有所准备，并确信类似事件是不会发生的。

很多女孩在身体发生变化后很想主动谈论这个话题，这一想法使她们感到既尴尬又不知所措，但说服她们跨越这个障碍是一件非常值得做的事情，要让你女儿懂得她将要面临什么，并要做好充分的准备。一个明智的母亲会让女儿知道自己身体变化的相关科学知识。当女儿的乳房开始发育时，就应该让她做好心理准备，不久后她即将迎来首次月经来潮。母亲可以在卫生间为女儿准备一个专门的储物抽屉，里面摆放一些女性月经期会用到的必需品；再准备一个可携带的女士小包，用来存放月经期的必需品，以防女儿外出时遇到月经来潮。在女儿首次月经来临之前，母亲要向女儿演示如何为首次月经做准备，这会缓解女儿的恐惧心理，能让女儿明白一旦遇到月经来潮该如何处理。

母女共度一个特殊的周末

在你女儿12岁生日的时候，你可以带她体验一回"母女二人共度周末"的特别活动，这是一个极好的主意。你们安排的活动应是女儿期待已久的活动，并且活动计划应该让女儿参与共同制订。你们安排的活动，可以是带她购买人生中的第一支唇膏或一个新的化妆包；可以是同意她去一家知名的美容中心体验一回美容服务，由一名擅长青春期少女妆容的美容专家教她如何护肤；也可以是陪她一起看一场电影、一部录像片，或者一起去海滩欣赏美景，或者进行一次户外冒险活动，比如皮划艇漂流或周末户外野营等。

你还可以买一套有关亲子教育、儿童性教育等方面内容的光盘，专门用于周末亲子驾车旅行途中共同聆听。这类光盘涉及的话题有自尊心、浪漫爱情、少男少女身体变化、生理卫生，还有其他一些与青春期相关的私密话题。很多购买过这类光盘的家长给出了令人惊讶的好评，有不少母亲反映说，这类光盘使得她们能够比较轻松地与女儿谈论这些私密话题。当你带女儿驾车旅行时，不妨听听这类光盘，

9 女儿的青春期前阶段

然后和女儿一起探讨光盘中提到的有关话题。你女儿不必担心会碰到与你对视的尴尬,因为驾车时你们的眼睛都只能盯着前方。

所有的母亲都认为,安排一次周末亲子活动,能为将来真正走进青春期女儿的内心深处以及建立母女之间的心灵沟通营造出积极的氛围。

庆祝女儿13岁生日的晚宴,你可得精心准备。我的一位听众朋友给我讲述了他的女儿过13岁生日时的故事。他是从父母和女儿两个视角发来电子邮件的。

父母的视角:

当我们家美丽的女儿即将13岁时,我们决定邀请她去餐馆吃一顿特殊晚餐,以表示庆祝。我们预订了一家高档餐厅,能够享受贵宾般的款待,同时我们雇用了一个临时保姆在家照顾她的幼小的弟弟。

那天晚上,当我们心情愉悦地一边品尝美味而又赏心悦目的美食,一边喝着不含酒精的异域鸡尾酒时,我们问了女儿的未来计划和理想,并与她分享了我们的看法。我们谈到了人际关系、工作、男人和女人的优势,还有我们的希望,并为她将来某一天能够嫁给一个"完美"先生而祈祷。同时,我们还送给她一份小礼物作为13岁生日的纪念品。

那晚除了表示特殊的纪念意义之外，也许最重要的一点就是亲子之间打通了一条清晰、开放、坦诚的沟通路径。这是我们欢迎女儿步入成人世界的特殊方式。

女儿的视角：

数周之前我就开始期望这顿特殊的晚宴，当那天如期到来时，为了做好充分准备，那晚我花了整整一个小时装扮自己。爸爸妈妈告诉我，因为我已经长大，并具备了成年人的举止行为，才邀请我共赴晚宴的。整个晚上都很特别，使我感觉自己一下子变成了大人，一个独一无二且深深被父母所爱的"大人"。我受到了女王般的盛情款待，美食、美酒从四面八方端上来。晚宴快结束时，爸爸妈妈还送给我一条精致的黄金项链当作生日礼物，我激动得立刻戴上了项链。

那简直是一个美妙无比的夜晚，每一分钟都让我回味无穷，不仅因为美食，更重要的是让我感受到了自己的成长，以及父母对我的养育之恩。那一夜会永远铭记在我的记忆里。将来我也会这样对待我的孩子们，向他们表明，他们对我来说比世界上任何事情都重要。

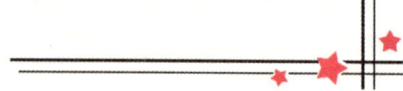

9 女儿的青春期前阶段

坦率地与女儿进行沟通

　　早熟的女孩需要获取正确的生理知识并得到父母的理解。进入青春期前阶段的少女将要面临的特殊挑战是，尽管她的身体已经开始发育，但心智仍然处于10岁孩子的未成熟状态。温柔而坦率地与处于这一阶段的女儿进行沟通，远比谈论她身体的变化更为重要，这也是她的一个重要的需求。你要教女儿了解一定的社会环境，因为这是大多数女孩都要面对的生存环境。然而，针对少女的大量商品推销，以及少女早恋的流行等不利于少女成长因素的不断增多，使得家长与处于这一阶段的女儿之间进行的交流显得极为重要。

实用技巧

　　医生能够确定的一个事实是：少女的早熟往往跟她们的体重密切相关。一旦女孩的体重达到49公斤，青春期很快便会随之而来。"垃圾食品"对女孩的影响远比对男孩的影响大。女孩会将多余的脂肪储存在身体细胞里，而男孩往往会把脂肪转化为肌肉。男孩经常会发泄情感压力，而女孩则倾向于把情感压力隐藏起来。这就是女孩容易发胖的道理。因此，你应该培养全家人一起用餐的好习惯，用餐时提供的食物应以大量的蔬菜和谷物为主。在女儿青春期前的那几年，你们可以一起享受锻炼的乐趣,比如骑自行车或徒步远足。你们完全可以确定一些具体的目标,比如要步行多少里程,或者在暑假里打算爬多少座山。

沉着应对女儿的生理期

我的一位女性听众朋友给我讲过这样一个故事:

某个星期一的晚上,当我走向大门准备出门参加一个会议时,我家13岁的女儿突然小声对我说,她的第一次月经来了。我和女儿小声低语沟通后,女儿表现得镇静自如并十分清楚该如何应对。

第二天早晨,我比平时起得稍早一些,在托盘里为女儿准备了两杯红茶、一张贺卡、一小瓶香水,还有一份包装好的礼物——泰迪熊玩具。我对女儿说:"这是送给你的'成人礼物',不过其中的泰迪熊玩具依然是送给隐藏在你身体里的小女孩的。"

欢迎女儿步入成年女性世界的这一刻,让女儿十分感动。这一简单的举动再次加深了我们母女之间的感情。

女孩遇到月经期时,不仅生理变化较大,而且她的大脑也在以一种十分复杂的方式发展。步入青春期前阶段的女儿不再是一名儿童,但也不能完全算是成熟的青春期少女。她不得不去应对因青春期荷尔蒙引起的各种新体验和情感冲击,她也许会变得严肃、暴躁、沮丧或者目中无人。家长可能常会因为女儿的喜怒无常而感到迷惑不解,或许前一分钟她还对什么都"无动于衷",但后一分钟却想要得到拥

9 女儿的青春期前阶段

抱和安慰。

青春期前阶段的女孩正处于身体发育和心智尚不成熟的不对称时期。她常常会毫无缘由地哭泣,个人情感就像是坐过山车一样起伏不定。处于这一时期的女孩也许会变得极度羞怯,只喜欢躲在更衣棚的浴巾后面或者野营时的黑暗处更衣。

因为受到来自大众媒体、同龄人的言论和不断变化的社会诸多因素的影响,一些家长对女儿的这些反应感到焦虑是完全可以理解的。

如今,处于青春期前和青春期的女孩们正面临的是以往从未遇到过的更为复杂的问题,并且往往缺乏成年人的正确指导。许多青少年杂志公开自由地探讨诸如早恋、少女怀孕和避孕等话题的时候,还有多少十二三岁的女孩没听说过这类话题呢?但她们的母亲在与她们同样年纪的时候却从未看到过这样的文章。

处于青春期边缘的女孩们也是众多市场推销人员紧盯的目标,他们试图向这些女孩推销一切商品,从杂志、光碟到T恤衫和背包,无所不包。当女孩们的身体开始自然发育,形成凹凸有致的曲线体型时,也正是在这一时期,她们却受到那些超级模特的影响,那些超模的体重通常都低于健康体重标准,因此,这些正长身体的女孩却叫嚷着要节食了。

对于一名家长来说,决不能受社会舆论的影响而希望自己12岁的女儿成为身材火辣的"辣妹"。你很清楚女儿不仅冰雪聪明,而且拥有一颗善良的心,只不过你希望她变得更好一些。然而,从众心理和有时需要伪装自己,往往成为这个年龄女孩的特点。你的曾经坦率自信的女儿消失不见了,她的有主见的坚定的信念被从众心理所取代,甚至如有必要,她会以伪装的态度出现在人们的面前,为的是让自己不会变得与众不同而成为别人关注的焦点。

如果女儿真的开始对穿什么衣服开始讲究起来的话,那么你可以让她多做些额外工作来赚取零用钱,教她学会如何在预算内添置衣物,比如可以从折扣商店或者服装连锁店购买所需的衣物。你可以指导她学习缝纫,以及如何别出心裁地穿衣打扮,这样她就不至于超出端庄仪表的界限。

父母的焦虑有时还可能围绕在类似这样的问题上:是否应该给女儿购买她想要的那种时髦而又有点暴露的衣服?

你很清楚这类衣服几乎不能完全让女儿蔽体,也违背了你的价值观,但你必须认识到的一点是,如果女儿不能与小伙伴们在穿着上和谐一致的话,你该如何解决好身为家长的焦虑和女儿遭到同龄人排挤而导致的矛盾。对于这个年纪的女孩来说,是否融入同龄人的群体当中显得至关重要,因此在无关紧要的小事方面,不要试图让你女儿感到她与同龄人格格不入,只要在真正重要的大事上做到坚持你的价值观就行了。

父母亲要尽可能地多鼓励女儿玩耍。处于青春期前阶段的女孩需要享受大量户外活动的自由,同样也需要可以放松心情的家庭氛围。简单的家庭活动,比如打扑克牌或者玩拼字游戏,或者跟表弟表妹以及朋友们一起玩耍,或者女儿的自娱自乐,都是能让女儿心情放松的健康活动。

9 女儿的青春期前阶段

实用技巧

★ 健康的家庭活动在女儿青春期前阶段显得尤为重要。这些活动能使女儿感受到一种心灵相通的亲子感情。一旦当她踏进青春期前阶段时,这些活动是让她能够建立健康心态的最佳措施。

★ 青春期前阶段也是你和女儿一起旅行的最佳时机。在女儿进入青春期后,她会自然而然地疏远你,因此现在这个时期的旅行活动会给她带来美好的家庭回忆。

★ 爸爸应该保持定期与女儿"谈心"的家庭传统,妈妈应该主动设立一个与女儿单独相处的"特别女生"时间。你们可以允许在合理的范围内,让女儿自由选择活动的目的地,然后和她一起分享她的兴趣爱好,不管是骑马郊游、逛街购物还是看芭蕾舞表演,或者看一部言情片,都行。

★ 青春期前阶段的女孩虽然身体发育渐渐成熟,但在情感和心智方面却未能达到同步成熟,因而未能引起现实中男孩的注意。这种"虚拟的恋爱",是这个阶段女孩们之间常常谈论的"私房话",这也是女孩对异性产生兴趣而表现出的一种"安全方式",因为这种方式并不会真的让女孩与现实中的异性谈恋爱。

★ 有男孩和女孩共同参加的集体活动,对于这个年龄段的女孩来说是一种最有益的社交模式,例如徒步旅行,滑雪,电影讨论会,溜冰,以及生日聚会活动等,都是很适合女孩和男孩一起参加的活动。

 处于青春期前阶段的女孩需要什么样的父母?

☑ 在她心情不愉快时能够依旧成为负责任的大人。

☑ 让她的生活变得更充实,并能让她可以依赖,还要能陪她一起做事。

☑ 结交好朋友对于处于这一阶段的她来说至关重要。父母要理解这一点。

☑ 与她保持心灵相通,并随时愿意与她进行情感交流。

☑ 让她明白她的身体变化是女性自然的生理现象。

10

面对青春期的女儿

mian dui qing chun qi de nü er

女儿小时候你曾经牢牢掌握的"控制权"如今虽然放开了,但你仍然必须妥善处理与她的亲子关系,你应该变成对她"有影响的人物",而不是"控制人物"。

青春期女孩的大脑一直要成长到十八岁时才能充分发育完整；而青春期男孩的大脑要充分发育完整，则往往需要成长到二十岁出头。我们不能以成年人的方式来看待青春期少年。

——儿科医生兼"脑波"国际慈善组织理事西蒙·罗利博士

对于青春期孩子而言，比任何事情都更为重要的是得到父母的尊重。有时候，为了验证自己是否具备独立能力，青春期少女很可能会挑战你的价值观，但实际上她仍然需要你的智慧和经验。所以，你应该在这一时期积极主动地向她"传授"知识，并应该随时提供帮助。而当你女儿的大脑发育成熟时，她就会进入一个完全不同的世界，想要争取"独立和自治"。这时你该做的就是，用与她年龄相适应的方式加速她的转变进程。这就好比是你从控制者的身份转变为她的指导者、咨询顾问，最终变成她的知心朋友。如果女儿明白了你正在逐渐把"控制权"移交给她，她就不会觉得有必要以消极的方式或者蓄意对抗的方式来挣脱你的束缚。女儿小时候你曾经牢牢掌握的"控制权"如今虽然放开了，但你仍然必须妥善处理与她的亲子关系，你应该变成对她"有影响的人物"，而不是"控制人物"。

如今的家长们都已经认识到，我们的青春期女儿当前生活在一个完全不同于往日的世界里。家长们在很多方面都被剥夺了权利，而我们的社会却并未因此给予女孩应有的保护。当女孩们遇到麻烦时，社会体系却反应迟钝,并且常常采取毫无用处的应对措施。

　　不幸的是,社会却默许你女儿做一些你不希望她做的事情。因此,你需要付出很大的努力,让有爱心的成年人和你一起携手共同维护女儿的人身安全,培养她的优秀品行。在女儿青春期的成长阶段,作为家长,你应该对所拥有的教育资源做一次盘点。

利用好女儿的同龄朋友的力量

　　正如我们前面讨论过的,你女儿在进入青春期后对"加入团体"变得特别敏感,尤其在她青春期的早期阶段更是如此。这时她会觉得仿佛整个世界的焦点都聚集在她身上,她需要一些可信赖的朋友和一个能让她产生归属感的团体。如果你能够以各种方式满足她的这种需求,就等于帮了她很大的忙。

　　从属于几个不同的友谊团体,对于青春期女孩来说十分重要。通过体育运动、兴趣爱好或者青少年团体结识的不同朋友,能够满足她对归属感的需求。这样的话,万一她在某个团体内建立的友谊发生破裂,至少还有其他几个团体能够接纳她。

　　你应该鼓励女儿广交朋友,对于那些你认识并信任的其他家庭的女孩,尤其应该鼓励女儿与她们成为朋友,当她们来家中做客时要热情欢迎她们。你可以对她们的生活表示感兴趣,邀请她们在家里留宿,并不时地举办家庭聚会活动,包括邀请女儿朋友的父母们一起参加。借此机会,你可以结识女儿朋友的母亲,当你跟其他女孩的母亲成为朋友时,有时候她们可能成为你女儿愿意与其谈心的可靠之人。

我们的女儿以前在学校遇到"女孩问题"危机后，偶尔会带朋友到家里来，并向她母亲求助，她常常这样问母亲："我们能够跟你谈点事情吗，妈妈？"作为母亲，当然会把握好这样的与女儿和她的朋友促膝交谈的机会。

慢慢地给予女儿更多的权利

当你的女儿逐渐成熟时，你在家中也应该给予女儿更多的权利，这能使她感觉到你在逐步地放权，让她为自己的人生负责。

当女孩步入青春期时，她的大脑会逐渐发育成熟，并开始像成人那样思考问题。成人的思考方式被称为"理性思维"，与儿童的"形象思维"截然相反。然而，只有当青春期女孩脱离父母独立后，在成人的指点下明白选择和后果之间存在必然的因果关系这个道理后，思维转变过程才能彻底完成。如果你能赢得青春期女儿的信任，那么她就会自愿地让你参与到这一转变进程中。

过去的13年里，一直是你在教导女儿该做什么和不断地告诫她该怎么样，现在到了停止你对她的说教，并开始倾听她的心声的时候了。你只要明白一点，青春期女儿毕竟还是半个孩子，虽然她已经变得比原来成熟一些，也具备了一定的责任感，但也说不定何时会做出一些愚蠢的事情。这就是为什么你必须确保女儿在无关紧要的小事上不断地练习自己做决定的原因。只要在不违背道德或者没有身体危险的情况下，就应该让她多加练习自主做出决定。也许她会因此受伤，回到家中独自"舔舐伤口"，或者把导致的后果归结为"生活体验",如她把头发染成了红色,把卧室刷成糟透了的蓝色,或者花光了所有的购衣预算只买了一条皮带,但这又能怎样呢?这都不会危及她的生命安全,因此在类似这样的事情上你无需管得太紧。

来自"脑波"国际慈善组织的理事西蒙·罗利博士认为,很多青春期孩子的行为异常,主要是因为他们的大脑发育尚未成熟。他解释说,人类大脑发育的最关键期是在出生后的头三年,而大脑发育的第二个井喷期,则开始于青春期前期。他说青少年的大脑"仍在发育中",并认为青少年处在一个情感多于理智的发展阶段,因此会做出一些与成人的想法截然不同的事情来。

保持用餐优先的家庭好习惯

对于青少年来说,保持全家人一起用餐的好习惯会给他们带来许多永久性的积极影响,如全家人一起用餐提供了有益健康的家庭讨论的好机会。

美国明尼苏达大学的一项研究表明,全家人一起用餐会促进成年人摄入更多的水果、绿色和黄色蔬菜等,减少软饮料的饮用,更有可能促进青春期女孩按时吃早餐,同时也能促使所有家庭成员将共同用餐和餐桌交流视为最优先的事情。

除此之外,当女孩进入青春期时,全家人如果一起用餐还能收获到很多其他的益处,如有益的家庭讨论可以促进青春期女孩的智力发展,并能促使她验证自己的想法。她的感受被家人倾听后会发生转化,她的观点要么受到了挑战,要么得到了肯定。通过专注的倾听,你就能感受到和青春期女儿进行的讨论很有意义,如有必要你也可以对她的观点提出不同看法。

你可以同你家的青春期孩子创立一个传统,比如在家庭"烧烤之夜",每个家庭成员只要承诺参加的话,他的朋友们也可以加入进来。你们可以在用餐时一起讨论一本书的内容,或者一起说说学校里发生的事情。曾经有过好几年,我们家在每个周日都会和青春期孩子们做这样的活动:花上半个小时,一起围坐在餐桌旁,由一个人朗读某本书的一个章节,然后大家开始讨论。

家庭行动

举办一个标志人生转折点的晚宴

当女儿成长到14岁时,一些家庭可以准备一顿晚宴,作为她的成年仪式。女儿可以邀请6位长辈参加晚宴,长辈可以是祖父母、姨妈或姑妈、家长的朋友,或者其他任何对女儿的人生有着重要意义的人。女儿要在晚宴上准备发言,感谢在她的成长过程中对她有帮助的人。之后女儿的每位长辈会送她一份小礼物,各代表了传授给她的一个"人生智慧"。

10 面对青春期的女儿

为青春期女儿设立行为界限

> 如今,要让青春期女孩按照我们的要求行事极其困难;同样,我们也无法按照她们的意愿行事。如果一个女孩举止粗鲁,人们往往会指责是她的父母没能给她提供遮风避雨的住所、丰富的食物和良好的教育,但实际上父母对她根本不曾有任何亏欠。
>
> ——家庭治疗师戴安娜·莱维

有时候,女儿的情绪和心理力量足以挫败父母的自信心。你要时刻提醒自己,你才是真正的"大人",是偿付账单的人。保护女儿是你的责任,但需要建立在爱的基础之上。当女儿一年一年长大时,虽然她会逐渐获得更多的自由,但同时你不要放弃你的职责,将她置于一个危险而没有监管的自由放任状态之中。

你必须一直陪伴着女儿,并牢牢坚守你的信念。你可以对女儿这样说:"我们爱你,但我们不喜欢你的行事方式。"你必须替女儿设立明确而清晰的行为界限,防止她陷入危险的情境之中。如果她违背了你们之间的口头承诺,你也许可以取缔对她的一些免费服务,比如开车接送她上学、替她清洁卧室和发放零用钱等。这些免费服务对于青春期女孩来说会影响很大,你得让她吃点"苦头"。

你要了解女儿结交的朋友们有哪些,当她与不同家庭生活背景的朋友们交往时,应该教她学会始终保持坚强、怀有爱心、充满幽默感和坚定信心等优良品质。

实用技巧

制定与女儿保持沟通的规则

★ 如果女儿从事先说好的地方离开,去了另外一个地方,她必须始终保持与你及时联络。

★ 如果她不能按照规定的时间回家,则她必须提前打电话告知你。

★ 充分利用手机短信的功能。如果女儿遇到考试或正在上课,或者是其他不方便接电话的时候,可以用发手机短信的方式告诉她你要说的话。

青春期少女在14岁的时候,往往是人生中最叛逆的时候。这时的她明白自己有能力独立思考,对父母可以不屑一顾,但同时她的内心也在为寻找归属感和自信心苦苦挣扎。

当她的人生阅历不断丰富、人变得逐渐成熟时,在她读高中的最后一年里,你会发现她对个人形象产生了一种完全不同的看法。著名女作家施黛芬妮·韦弗在她的畅销书《52名新西兰少女的自述》里写道,一些14岁的青春期少女十分珍视男性朋友,她们心怀浪漫地憧

10 面对青春期的女儿

憬和期待,以为男性朋友可以满足她们所有的需求,然而成长到十六七岁时,她们逐渐变得更加现实地看待与异性的友谊。

我们的一位朋友的 15 岁女儿想在家里举办一次聚会,本想在聚会时能向大家提供酒水,结果被父母严词拒绝。她母亲同意为聚会准备丰盛可口的美食,令人期待的乐队表演,以及不含酒精的饮料,但酒水绝对禁止。可女儿坚持认为每个朋友在家举办聚会时都会提供酒水,没有酒水的聚会一定会是史上最无聊的。母亲坚持了自己的立场,最终女儿做出了取消聚会的决定。她母亲接受了她的选择并对她说:"好的,亲爱的,我尊重你的选择。"

两年以后,当这位朋友的女儿 17 岁时,她再次征询父母的意见,是否可以在家举办聚会,同时说道:"爸爸妈妈,聚会时没有酒水也没有关系。"在过去的两年里,女儿不仅亲身经历过也听说过那些提供酒水的聚会举办得也并不怎么样,她参加过一些没有酒水的聚会,同样过得很愉快,并且因自己的选择,让她在同龄人当中渐渐变得更加自信。

女儿参加聚会之前,你应该给她设定回家的时间,但这个时间不应该设定得太早,要根据不同情况设定相应的回家时间。在她不能按时回家时,要确保她能随时打电话通知你。要让女儿明白你信任她,如果她改变了活动地点,一定要事先告知你。你或许认为可以要求女儿总是她朋友圈中第一个回家的人,虽然这是一件极其正确的事,但事与愿违,她很难做到,而且对女儿来说这也毫无必要,这样做只会让她在她的朋友圈中感到十分尴尬。

女孩自尊心的树立来自两个方面：第一，注重别人如何看待她在各个方面的表现，有些方面对她来说至关重要(比如对有的女孩来说，如果她认为外貌比她的学业成就更重要的话，那么身体胖了几磅可能就会比数学考试不及格更加打击她的自尊心)。第二，注重别人是否相信她被一些重要的人所认同，比如她的父母、老师或者同龄人。

——《女学生》杂志主编佩姬·奥伦斯坦

让女儿承担更多的责任

如果你家的青春期女儿主动要求承担更多的责任，而你又不能确定她是否准备好，这时可以采取让她来制定一些规则的办法，以确保她能够履行职责。由女儿制定一些规则对你来说是一个十分有用的方法，这样做既能让她承担更多的责任，又可以让她懂得遵守行为界限。

你千万不要对女儿唠叨。如果你需要与女儿沟通一件事，但又发觉她因为嫌唠叨而转身不理睬的话，建议你使用留便条的方式。有时候写一个便条，能够让青春期女儿感受到你在"背后"支持着她，对她来说，这也是一种不需要直接面对的方式。不唠叨而改用留便条进行

10 面对青春期的女儿

沟通的方式,是一种互相理解的方式,你可以先画一个笑脸,再写上:"请把衣服收回家。"或者:"需要遛狗。"

实用技巧

★ 不要抓住小事不放。例如,女儿花了很多钱买一件礼物,这又有什么关系呢?这只是多花了一点点钱而已,你没有必要对她做过多的批评。

★ 如果你选择在气头上处理事情,往往会觉得很棘手,而且难以妥善处理。给自己一些时间,冷静一下,等你的怒气平息后再来处理。

★ 尽可能用"可以"这样正面的答案回答女儿,尤其在一些无关紧要的小事上更应如此。例如,女儿问:"能不能给我买一套新的球具呢?"你可以采用协商或是折中的办法,如果可能的话,最好你和女儿各出资一半,这样可以达到双赢的效果。

★ 通过与女儿制定口头约定建立信任关系。可以形成一个家庭默契,例如,当女儿从朋友那儿或者聚会上打电话给你,想要你接她回家而又不愿让朋友们知道,怕丢面子时,可以利用你们之间已有的家庭默契来传达心思。你要让你女儿明白,你始终做好了准备,随时都能给予她帮助。

★ 你与女儿之间的信任不能轻易丧失,否则肯定会有严重的后果。你们之间一旦丧失信任,必须立刻重新建立信任关系。

> 当女儿犯了错误时：
> ☑ 让女儿承担后果，使其受教育。
> ☑ 处理问题时，你应该先消除怒气。
> ☑ 和你女儿站在同一边，你们需要共同解决问题。
> ☑ 要求女儿制定一个方案来纠正错误。

让女儿为自己的行为"埋单"

当女儿犯了错误的时候，你不要让她错失学习纠正的机会，你要让她为自己的行为"埋单"。

例如，你女儿也许会对一时没衣服可穿的事小题大做，而且不知何故这事会责怪到你身上。其实，她的衣橱里有很多衣服，这还不包括她卧室里乱丢了一地的衣服。她所说的没衣服可穿，是指今天她想穿的那件衣服还没洗呢，皱巴巴地被扔在地上。这时，劈头盖脸的一通说教会立即从你的喉咙里冒出，但是你千万要忍住；恰恰相反，这时你应该做的是让她学会从承担后果中吸取教训。你可以对她遇到的这个问题先表示同情，你可以这么说："那太让人失望了。你说的没错，那件樱桃红的外套确实最适合你今天穿。"事情莫名其妙地被女儿说成了是你的错误，你对她的这种无端指责一定要先躲避。虽然你很清楚问题出在哪里，以及解决的办法是什么……但你的目的应该是让女儿学会为自己的行为"埋单"，你可以这样应对她："我不是每天洗衣服。难道你就不能制订一个计划,在家庭固定的洗衣日把你需要洗的衣服都拿出来吗?"

女孩间存在着排挤与被排挤现象

校园里的女孩们常常会有排挤、戏弄和取笑他人的行为。从某种程度上来说,女孩间的欺凌行为远比男孩间的欺凌行为更为残酷。一位少女曾经对我说,大约在中学一年级时,校园欺凌现象最为严重,但到了中学的最后一年级时,欺凌现象缓和了很多,因为那时的女孩们对自己有了更高一层的认识,那就是,是否受别人欢迎对她们来说已经变得不那么重要了。正如一位快要毕业的女中学生所说:"校园里依然有一些受欢迎的女生,但她们已经不再是我们崇拜的对象了。"

我在班里跟其他女孩们总是格格不入。整个高中阶段我都没有一个真正的好朋友。她们的价值观跟我的完全不同,我也不想参与到她们的事情中。妈妈鼓励我培养业余爱好和兴趣。妈妈始终让我确信自己是值得他人交往的人,她让我懂得,即使现在没有好朋友,也不代表以后没有好朋友。

——高中生娜塔莉

男孩们天生具有攻击性倾向——他们会打架,你可以从他们身上的擦伤和瘀青一眼看出。然而研究表明,女孩跟男孩一样具有攻击性,但她们往往采用的是"利用人际关系"进行攻击的方法,而不是用她们的拳头进行攻击。

发送或转发恶意短信,公开对方的隐私,当面翻白眼、大声叹气,或者当被欺凌对象一开口说话就对其加以讥笑,还有唆使他人一起挤对某个人,这些都是女孩们排挤某个女孩时惯用的伎俩。利用人际关系进行攻击的行为多发生于女孩,尤其是青春期女孩,她们持有一个共识:她们的价值观和认同感是由彼此间的友谊确定的,而隶属于某个团体是女孩们的头等大事。如果某人一旦发现自己被忽视、排挤或不予接纳,就好像立刻失去了存在感。正是这些所谓的"共识",才形成了女孩之间校园欺凌的特点。

家长们有时甚至根本不知道他们的女儿正成为校园欺凌的牺牲品。女孩们也往往不会告诉她们的父母有关在学校受到欺凌的事,因为她们对自己成为欺凌行为的受害者感到羞愧。从某种程度上来说,她们认为自己受到排挤是事出有因的,最重要的是因为她们害怕父母得知真相后会做出什么事来,那样将毁了她们被"小团体"接纳的机会。

另一方面,父母必然相信自己孩子的单方说辞,不会认为自己的女儿会成为欺凌他人的孩子。然而研究表明,欺凌现象在校园里是司空见惯的。在一份对中学女生的调查研究中,57%的女生承认在刚刚过去的一个月中,自己曾经讥笑过其他女生,或者说过其他女生的坏话,还有23%的女生坦言自己欺凌过其他女生。任何一个女生都可能成为受欺凌行为的对象,也可能成为欺凌别人的人。欺凌别人的那些女生很少会为个人行为承担责任——因为她们觉得这都是对方的错。

父母对校园欺凌现象可以做些什么

当得知你的女儿成为其他女孩的欺凌对象时,你一定感到万分痛心。那么,你对此可以做些什么呢?

对女儿遭遇的校园欺凌,你必须引起重视。倾听并与女儿产生共鸣,对女儿处理此事会有很大的帮助,或许这就足以使她渡过难关。如果是女儿的一个朋友在欺凌女儿,你要跟女儿谈谈如何正当地对抗,告诉女儿应正视朋友的冒犯,而不要说这位朋友的坏话,造成恶性循环。

向女儿解释,也许她会因此失去一个最好的朋友,但这绝不是她的过错,她无需为此做任何事。你可以这样向女儿解释:"不是每个人都会喜欢所有的人。"

激励你的女儿学点儿"英雄气概"。研究表明,大约只有15%的女孩会在别的女孩遭受欺凌时进行制止,但一旦欺凌行为得到制止时,就会产生戏剧性的良好效果。

然而,最重要的还是继续教导你的女儿学习建立友谊的技能,帮助她学会如何真正地肯定他人,主动联络对方,并与对方建立友谊。如果女儿在校内与同学建立友谊十分受限,那就鼓励她在校外结识更多的新朋友。

读初中三年级那一整年里,我在学校一直是被欺凌的对象。我被所有的同学孤立,感到孤独无助。那时只有父母始终百分之百地全力支持我、鼓励我,他们陪我度过了那段难熬的时期。家成为我的安全港湾、避难所——妈妈在我放学后精心准备的下午茶,她筹划的"周末家庭之夜",或者邀请亲朋好友来家里聚会,她做的一切只为让我感受到温馨的家庭氛围。后来,因为在校园被欺凌的事变得日益严重,父母决定下一年帮我转学。

——19岁女孩西耶娜

告诉女儿什么是真正的友谊

要想帮助你女儿了解什么是真正的好朋友,你只需对她说这样三句话:

☑ "你对这个人感觉如何?"

☑ "如果当你离开她时你会感到悲伤,而当你和她在一起

10 面对青春期的女儿

时你会感到快乐,那么她就是你人生中值得交往的一个好朋友。"

☑ "如果某个人总是不断地让你感觉很糟糕,你真的还希望她成为你的一个朋友吗?"

实用技巧

★ 对"女儿的世界"产生兴趣,包括她的朋友们,她喜爱的音乐,她的生活风格等,使女儿自愿与你谈论有关她喜欢的人和常听的歌曲。

★ 关注女儿的手机短信和网页空间,知道女儿的朋友圈是些什么人。

★ 教女儿掌握建立和维持友谊的技能,在众多泛泛之交中结交几个真正的好朋友。

★ 对逐渐变成熟的女儿经常予以肯定,这也是了解她的个人观点的好机会。

★ 倾听青春期女儿对人际关系的理解,让她说说朋友们的价值观是什么,以及她的个人看法是怎样的。

★ 对女儿具备的优秀品行予以庆贺,并保持这一好习惯,期待她有更好的表现。女儿可能会因此努力,不辜负你的厚望。

 **青春期女孩需要什么?**

☑ 得到父母的尊重。

☑ 有随时能够给予她帮助的父母——她需要你们的智慧和经验。

☑ 有充满爱心的成年人关心她的品行和人身安全。

☑ 积极进取的同龄人团体。

☑ 愿意倾听她心声的父母——你们需要了解女儿心里的想法和感受。

☑ 愿意与她促膝谈心的父母。

☑ 在道德不受损害、人身安全不受威胁的前提下,允许她在一些事情上独自做决定。

☑ 学会高度珍视自己。

☑ 能够设立个人行为界限,并向他人展示她期待受到怎样的对待。

☑ 有永远支持她的父母,在她需要时能及时给予帮助。

11 独自教养女儿

du zi jiao yang nü er

既要填补缺失的异性伴侣所需承担的那份教养责任,又有你自身肩负的那份教养责任,一肩挑两担确实不是一件容易的事。但最重要的技巧之一是,你要掌握保留"个人立场"的教养艺术。当你尊重自己时,你的孩子也会尊重你。

> 你越保持清醒,越有活力,对人生的思考和感触越深刻,那么你给予女儿的东西就越丰富,在她逐渐成长而你却慢慢变老的过程中,你也就会收获更多的快乐。
>
> ——引自儿童教育学家史蒂夫·比达尔夫所著的《育儿宝典》

我们在前文说过,要想真正了解你的女儿,首先要获知女儿"眼中隐藏的东西",然后据此形成适合你的一套教养方式。如果你是独自教养女儿的话,这一点显得尤为重要。每位家长有自己的独特教养方式,对此并无对错之分,你可以采取任何一种适合你女儿的教养方式,但要注意其中的一些重要原则。母亲在独自教养女儿时往往更像是一个主要看护者,而今天很多父亲在教养女儿时,则面临着工作与家庭教育两者如何平衡的问题。

做一个快乐的家长

记住,你的快乐,是开启女儿幸福的钥匙。快乐的家长就是好家长,尽管独自教养女儿或许会感到一时难以承受压力,但先把自己照顾好却是一项真正重要的任务。身为家长,你也许未必总能达到你的理想目标,在物质方面获得成功之前,你也许可以尝试放慢节奏,以享受教养女儿过程中的美好感受。如果女儿无法得到她的同龄人所

11 独自教养女儿

拥有的优越条件，你也不必感到内疚。无数历史事实反复证明了一个道理，很多经历千辛万苦的女性，最终能历练出坚韧的性格，并成为领袖人物。

对女孩们来说，奋斗并不是一件坏事，在很多情况下，这取决于女孩如何理解自己的"奋斗"，以及在她们获得小进步时如何受到鼓励。女孩对于个人所处的环境往往有着一种深刻的直接理解能力，例如，如果母亲因为工作而无法为她做饭，她似乎完全能理解母亲不能全职照顾她的难处。

> 如果你会说话就一定能歌唱；如果你会行走就一定能舞蹈。
> —— 非洲谚语

利用一切可利用的资源

随着社会环境和物质生活的复杂化、多样变化，近年来，单亲家庭的数量呈逐年增多的趋势。不论出于何种原因，如果你是单身家长，需要独自抚养女儿，你的当务之急是要与其他能够与你产生共鸣且能鼓励你、支持你的成年人建立牢固的人际关系。你女儿需要一个社群，一个由多个小家庭组成的"大家庭"，正如我们在前文中提到过的一样，她需要众多的朋友以及各种社交活动。如果你是一位单身妈妈，你的朋友圈中如果有身为人父的模范爸爸们，你可以让女儿每天与他们自然接触，你女儿就能见证一个楷模父亲是如何与他的家庭、妻子以及其他成年女性朋友交往互动的。有时候，来自单亲家庭的女孩们会幻想出一种理想化的模范夫妻关系：夫妻之间不会每天争吵，能够妥善解决出现的纷争。见证夫妻之间互相照顾，观察一个普通家庭如何处理各种可能出现的意外状况，这些都将帮助女儿认识家庭生活中一个个真实的画面。

孩子们不仅需要母亲，同样也需要父亲。如果一个家庭缺失了父亲，那么它需要有一个可以替代父亲角色的人，或者某种可以补偿父亲空缺的替代人员。最近许多研究发现，不管是因去世或离婚而导致的生父缺失，都会给儿童带来较为严重的成长危机。但如果有相当于"第二任父亲"的长辈——可以是祖父、叔叔（或舅舅）、男性导师或者继父——充当该孩子的'父亲角色'至少一年的话，则可以给孩子带来多方面的正面积极影响。

既要坚定又要温柔地面对女儿

如果你是独自教养孩子，那么你就有必要学习异性伴侣的教养方式，并将其融入你的教养方式中。例如，单身妈妈有时候需要"温柔的同时更加坚定"，而单身爸爸则需要"坚定的同时更多点温柔"。

既要填补缺失的异性伴侣所需承担的那份教养责任，又有你自身肩负的那份教养责任，一肩挑两担确实不是一件容易的事。但最重要的技巧之一是，你要掌握保留"个人立场"的教养艺术。当你尊重自己时，你的孩子也会尊重你。在社区这个大家庭里，你的孩子在成长的过程中会逐渐学到自力更生和体现团队合作的精神。

11 独自教养女儿

要提高你的家庭团队合作意识,就要有"我们将一起面对困难"的态度。俗语说:"痛苦是否降临,我们没有选择的权利;但当痛苦降临时,我们可以决定该怎么面对。"孩子能察觉到家长的所有感受,不管是苦涩的感受,还是乐观的感受,孩子是有目共睹的。当你坦然地面对生活时,你的孩子在第一时间会"察觉"到你这种乐观积极的态度。

对于单身家长来说,处理家庭常规事务是你获得融洽的家庭关系的一种好方法,它可使家人的合作程度最大化。如果你是一位没有丈夫的单身妈妈,那么你也许必须时不时地提醒自己始终保持坚定的态度,并设立家规,固定一些家庭常规事务。如果你是独自抚养女儿的单身爸爸,你也许必须学会更加耐心地照顾女儿,多倾听,以便与女儿产生共鸣,并对她在情感上给予支持,你做的这些工作将对你女儿产生意义深远的影响。

下面一段文字摘自澳大利亚墨尔本的《时代报》,文中描绘了一位父亲承担独自教养女儿工作的一个画面。

成为5岁的艾米丽和13岁的萝伦两个女儿的单身爸爸,对于44岁的尼科利奇来说,意味着必须学习很多技能,比如涂指甲油、梳辫子、购买胸罩和裙子——都是"属于女孩的事情"。

"对我而言,抚养男孩要比女孩容易多了,"家住在澳大利亚阳光海岸库鲁姆海滩的尼科利奇对记者说,"女孩有完全不同的需求,就像'男人来自火星,女人来自金星'那样截然不同。但处理女孩的这些事情只是一种教养责任,这些事由爸爸做还是妈妈做其实完全没有什么不同,我只是完成必须为她们做的那些事情而已。"

尼科利奇说,当萝伦第一次来月经时是他感到最棘手的时刻。"连续好几天我都很情绪化——我变得非常温柔。"尼科利奇解释说,"在女儿第一次来例假前的好几个月,我注意到每个月的某一段时间萝伦总是出现心情低谷期。当她第一次月经真的到来时,我就时刻陪伴在她身边并帮助她渡过难关。"因为没有父母或姐妹,尼科利奇唯一能依靠的就是一帮和他关系不错的女性朋友,他偶尔会向她们请教有关教养女儿的问题。

"在教养艾米丽和萝伦时,我总是试图从女性视角思考问题。"尼科利奇说,"对我教养她们最有帮助的是,我和女儿们之间建立的亲密的亲子关系,这使我比任何人都更了解她俩。"

独自教养青春期女儿

如果你是独自教养青春期女儿,并且面对她的各种问题而又无

11 独自教养女儿

法准确解答的话,那么你所承担的教养任务则更加艰巨。为此,你很值得赞扬。很多独自教养孩子的家长虽然都做得很好,但也存在一些"天生缺陷"。你应该尽可能地确保你女儿身边有一个优秀楷模可供她学习。作为单身妈妈,你应该确保女儿的生活中有一名男性体育教练、男老师伴随她,或者也可以让她定期跟有父亲的家庭共同聚餐。通过这种方式,让女儿参与家庭活动,感受不同的家庭氛围,并可以让她练习对一个"安全可靠"的男性说出她的个人想法。

当你们一起观看电影并评论电影中的男主角时,可向女儿指出哪些是让人期待的优秀品质。如果她的父亲在某件事情上让她感到失望,你要尝试用现实主义的方式向她解释究竟是怎么回事。如果一位失职的父亲没有按时来探望女儿,或者他向女儿许诺带她去哪里玩然后完全忘记时,这时你不应该对女儿说爸爸虽然爱她但他很自私,因为这句话包含了很多意思。你可以这样对女儿说:"爸爸这时一定是做了错误的选择……这跟你无关,亲爱的,你应该得到更多的爱。"

来自破裂家庭的女孩们常常会丧失信任感,在未来处理人际关系时,她们很难再会百分之百地付出真心。她们往往不会轻易地掏出真心,潜意识里她们会从承诺的情感中退缩,以防再次失望而受到伤害。因此,如果你能让女儿与其他成年男性(比如祖父)建立起相互信任的人际关系,让这个成年男性成为她的一个好楷模并愿意倾听她的心声,那么在一定程度上就能减弱她心中的不信任感。

你可以跟你的青春期女儿达成一个协议,各自保留半个小时的个人自由支配时间,在这半个小时里,禁止请求、提问或交流。但作为交换条件,在此之前你必须抽出30分钟时间专门与她聊天,并倾听她的心声。这样,你们母女俩都将学会尊重对方的私人空间。

鼓励你的青春期女儿积极参加社团活动或体育运动。在这些活动中,她肯定会遇到其他成年导师,这样或许能够弥补你所不能满足她的缺失部分。

实用技巧

独自抚养青春期女儿的单身家长可能会遇到经济方面的压力,因此可以为你女儿设立"零用钱小金库",让她懂得有责任控制个人预算,并且不能再纠缠你给她买东西。对这一点,你的态度一定要坚决。

如此一来女儿就不存在权利被剥夺的感觉,而且帮助她学会理财,也有助于她学习算自己的经济账。例如,你可以教她舍与得的道理:想要买一件昂贵的衣服,就不得不放弃购买几件廉价的衣服。

快乐的女孩往往都心怀一定的期望,她们会为小事而心存感激。不要低估女孩心中渴望创新的能力——也许是生活中的一次冒险之旅,一次人生的选择,或者打造一个花园甚至展示某种才艺等,都会激发女孩的创新能力。作为家长,你能为她做些准备,例如,通过一次图书馆之行,或者送给她一包植物种子等,诸如此类的小事都能让她提升创新能力。只要你想得到,或许她就做得到。

11 独自教养女儿

单身家长要做的事情

★ 牢记,你不是一个能解决所有问题的超人。不要把你的精力浪费在自己根本无法解决的事情上。

★ 让你的孩子见证一个坚强而乐观的你。如果你需要咨询,首先要肯定自己,再去求得帮助。

★ 在女儿面前你应该保留个人隐私,不必跟女儿分享自己的每一件事情,避免把女儿当作闺蜜来谈论成年人的问题。

★ 如果你是一位不能与女儿共同生活的父亲,那么你应该对她多加关心并经常与她谈心,她会对此心存感激。养成写日记的习惯,这样每当与女儿通电话时,你就知道与她谈论什么才是她感兴趣的事。记住,男人往往只注重事实,但对女人或女孩来说,情感则更重要。

★ 注意,只有在不伤害女儿的前提下,你才可以对她说不。

★ 鼓励你女儿加入同龄人社团,看看你所居住的社区有什么资源可用。你可以带孩子一同去图书馆,去儿童俱乐部,或者去一些女性社团。

★ 追求你自己的兴趣爱好,每周给自己固定一个晚上的私人时间。你既可以参加某个课程的学习,也可以去健身俱乐部,或者参加其他的业余爱好活动。当女儿长大一点时,你可以教她学习简单的烹饪技巧,让她学会当你不在家时自己做饭。

★ 与朋友们约会后,会使你在第二天工作、生活时心情愉悦。因此,为了你的个人精神健康,偶尔单独过一次属于你自己的周末很有必要。

单身家长的心理需求

- ☑ 找到属于你自己的幸福。这也是使你女儿获得幸福的密匙。
- ☑ 如果你女儿无法获得她的同龄人所拥有的优越条件,你不必感到内疚。
- ☑ 与鼓励并支持你的其他成年人维持良好的人际关系。
- ☑ 与你的前任配偶维持正常的人际关系,避免恶言相向。
- ☑ 掌握"坚持个人立场"的艺术,当你尊重自己时,你的女儿才能学会尊重你。
- ☑ 利用家庭常规事务,使家庭成员之间的团队合作程度最大化。
- ☑ 作为父亲,应学会倾听女儿的心声,与她产生共鸣,并给予她情感上的支持。
- ☑ 确保你女儿的生活中既有男性楷模也有女性榜样可以供她学习。
- ☑ 为自己开辟一个安静的地方,使你有独处的时间。
- ☑ 追求你的个人梦想,不放弃。

12 母亲与女儿

mu qin yu nü er

支持女儿的兴趣爱好,并参与一些母女共同感兴趣的活动,哪怕仅仅是一起去购买制作美味甜点所需的配料,也算是一项"特别活动"。当家中有亲朋好友来访时,偶尔让女儿承担一部分做饭的任务,这样可以让她享受到成为"大厨"和对她能力肯定的快乐。

> 我父母尤其是我母亲坚信的一点是：只要我肯努力，任何事情都难不倒我。我坚信自己有能力做好每一件事也是因为受她的影响。她是一个实践出来的实干家，绝不是被训练出来的实干家。她认为如果一件事值得去做，那么无需犹豫，放手去做就好了。
>
> ——澳大利亚维多利亚州前州长琼·科纳

母女之间心灵相通

我们有关母亲的记忆往往都是些鸡毛蒜皮的小事——这些寻常而又貌似琐碎的小事，却使我们和母亲之间彼此心灵相通。

妻子玛丽每当想起她母亲时，脑海里就会浮现出这样一个人：她会跟你聊她最近看过的一本书或者与他人的一次谈话，内容常常是有关如何面对人生的话题。玛丽对她们母女间的那些讨论一直保留着清晰的记忆；每当她踏进家门时，母亲一贯令人愉快的欢迎方式以及厨房里飘出的饭香，总是让她记忆犹新；听见母亲在做家务事时的独自吟唱，她的温柔，她对家庭、孩子以及亲朋好友的爱，所有这一切都深深地留在女儿的记忆中。

玛丽回忆说："我的父母还一直定期参加各种夜间课程的辅导班

12 母亲与女儿

学习,积极参与社区的活动和他们喜爱的音乐活动。他们会在餐桌旁给我们读故事听,也会组织一些启发思想的家庭讨论会。"

"身为五个女儿的母亲,她常常被我们不同的个性而产生的不同需求搞得心力交瘁,但她给我们提供了一个可以探索世界的平台。她从教育活动、俱乐部活动、体育运动等多方面给予我们支持,为了确保我们有机会学习音乐,参与文化活动和青年团活动,她常常不得不牺牲自己的活动时间。由于她对新西兰的丛林和野生动物的知识十分感兴趣,所以她常带我们进行户外野餐和徒步旅行的冒险活动,这都是她带给我们的美好记忆中的一部分。还有那些家庭习惯、逸闻趣事的记忆,总能让我们回想起多年前的生活。所有这些美好的记忆,就像是两代人共同编织的一块美丽织锦。"

尽管今天我们的生活跟我们的母亲那一代人已完全不同,但是我们必须找到一种传承珍宝的方式,把家里美好的东西一代一代传下去。

有一次,我问一群女孩,一个母亲可以为女儿做的最重要的一件事是什么,她们异口同声地说:"鼓励。"有一个女孩讲得很到位:"在你的生活中,如果有人对你的穿着评头论足,那会让你感到恼火,并对一切缺乏信心。你甚至会一直将自己和你的朋友进行比较,在一定程度上,朋友们的反馈意见会被你当成事实。但你母亲却可以帮助你把眼光放远,她会纠正你已经形成的坏习惯,并鼓励你超越你自己的想象。"

另一个女孩说:"身为女孩,你总是会低估自己,并且想知道自己是否状态不错。我妈妈会用留便条的方式鼓励我,她说她为我做的帮助朋友摆脱困难的事情感到十分骄傲。"

还有一位女孩说:"当你母亲称赞你很聪明、美丽或有天赋,你会想:'嗨,妈妈认为我很棒!'你只要真的觉得事实如此,那么就会对你的生活产生积极的影响。"

母亲要为女儿做出榜样

我们的一个女性朋友在她小女儿3岁时,就开始独自抚养两个女儿。在教养女儿们的过程中,她经历了一段非常艰难的时期。今天,她的两个女儿已变成十分优秀的青春期女孩,她俩在社区里被认为是最负责的临时保姆,不仅品行端正而且聪明伶俐。现在她俩都在大学就读,并期盼着迎接未来的职业挑战。

然而,作为一个婚姻失败的女人,她说在她女儿很小的时候,就不得不下决心面对未来独自抚养女儿的艰辛生活。她这样对我们说:"是对女儿的爱帮我熬过了难关,使我下定决心做出了正确的选择。尽管单身妈妈的生活并不是我所愿意接受的,但我可以选择我的生活态度,并成为我那两个女儿的楷模。我可以选择每天痛苦地生活,变成'殉难者'的样子,也可以选择向女儿展示截然不同的、乐观的生活方式。我决定为自己选择一条积极的生活道路,一条我想要的生活道路,我要向女儿们表明我的乐观进取的态度,为她们营造一个有益健康的美好环境。"

这位母亲为我们提供了一种很好的教养孩子的方式。当我们在努力过一种有意义和有价值的生活时,同时也给女儿树立了一种面

12 母亲与女儿

对未来生活的好榜样。女性往往天生就是善于传承价值观和诠释我们情感生活的老师,我们当中那些身为母亲的女性必须认识到这一天赋,并应该善加利用。我们既是女儿的养育者,也是她的启蒙老师。

因此,只要你选择了积极的教养方式,你与女儿之间建立的亲子关系就会变得牢不可破,你就能帮助她建立一个丰富多彩的生活。似乎这是一个让女性忙碌不停的世界,或许一大早你就会跳上女儿的床,和她聊聊令她快乐的、担忧的或者烦恼的事,或许你会临时决定在花园里野餐,或者你会决定进行一次海滩远足,这些积极乐观的生活方式非常有利于女儿的成长。

几年前,妻子玛丽写过一本名为《母亲们的琐事》的书。在这本书中,她建议母亲们在每天充满压力的生活之下,不必刻意想要与孩子们保持着密切的联系,而平日里做的那些事,比如嘘寒问暖、送孩子去学习芭蕾舞、带孩子看医生、带孩子上街购物等,才是我们需要始终保持新鲜感而加以认真对待的重要事情。这些琐事能给孩子们带来快乐的美好记忆,并最终使母亲和她的女儿心心相印。

> 记得当我8岁时,学校的同学们都怂恿我亲吻一个男孩。我放学回家后鼓起勇气向妈妈求教该如何摆脱这样的尴尬处境。妈妈的拥抱和建议让我重拾了自信心。虽然第二天我依然感到难以应对局势,但作为一个孩子敢于把烦恼说出来并寻求他人的帮助,就能使你重拾信心。
>
> —— 中学生凯伦

心理学家告诉我们,有一个能保证让孩子们感受到爱的万能公式,这个公式就是:时间＋理解＋乐趣＝爱的感受。仅仅告诉孩子们我们爱他们,这是远远不够的,因为当家长们的工作安排和家庭外的职责过多时,孩子们就会感到孤独。

父母与孩子间的心灵沟通不必非得时间很长久或搞得过于复杂,你只需积极制造沟通机会和鼓励孩子们倾诉即可,即便这意味着餐具来不及被及时清洗,或者打乱了一天的家庭常规事务,那也在所不惜。例如,你可以充分利用短短几分钟的咖啡休息时间,策划一次后院寻宝的活动,或是把面包切成特别的造型,策划一次令孩子们兴奋不已的床上早餐活动,这些都是与孩子沟通的最佳方式。

实用技巧

★ 不要将女儿视为你个人情感的需要,或者用对她的爱来填补你个人情感的空白。

★ 你做的每一件事都属于"大人做的事",你要成为你女儿需要的称职的家长。

★ 作为家长,最重要的事是坚定自己的立场,行事时要保持冷静,并始终充满爱。

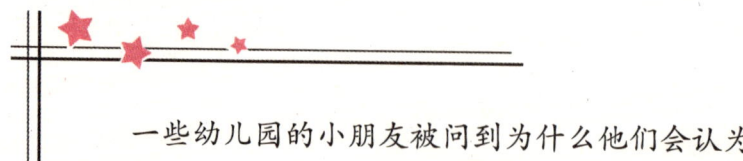

一些幼儿园的小朋友被问到为什么他们会认为

12 母亲与女儿

自己的母亲是最伟大的,他们的回答众说纷纭:

★ "因为她拥抱我,而且她是如此美丽。"

★ "因为她给我洗衣服,当我上幼儿园的时候她会跟我吻别。"

★ "因为她昨晚陪我玩游戏,还在我生病时喂药给我吃。"

★ "因为她帮我做事情。她给我做饭,一到吃晚饭的时间,她就会叫我吃饭。"

★ "因为她经常陪我玩耍。"

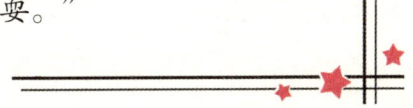

主动花时间陪伴女儿

随着女儿的逐渐长大,母亲可以和女儿共同分享一些女性爱好的生活方式,如一起逛街购物,一起上芭蕾舞课,一起为朋友们制作贺卡,或者一起学习某项技能,如摄影。

支持女儿的兴趣爱好,并参与一些母女共同感兴趣的活动,哪怕仅仅是一起去购买制作美味甜点所需的配料,也算是一项"特别活动"。当家中有亲朋好友来访时,偶尔让女儿承担一部分做饭的任务,这样可以让她享受到成为"大厨"和对她能力肯定的快乐。

陪女儿一起读书,鼓励她博览群书,尤其是那些有关英雄人物的励志书。可以让她朗读书中的故事,并与她一起讨论书中的内容,让她谈谈读后感。

如果你的家中育有不止一个女儿，你可能很难与每个女儿都做到步调一致。通常来说，小女儿会选择一种完全不同于大女儿的生活方式，作为体现她个性不同的一部分。同时，两个女儿很可能会表现出截然不同的性格特征，或许你甚至能感受到在性格方面，其中一个女儿会比另一个女儿更具亲和力。

如果你家中的女儿哭诉"这不公平"，或者姐妹之间因为热巧克力饮料中放糖的多少而争吵，这相当于她们潜意识里在问自己："我有地位吗？""我重要吗？"家中如果有两个年纪相仿的女儿，作为母亲，可在每周的某个下午组织一次"妈妈俱乐部"活动。每周的这天下午，在女儿们放学后，妈妈轮流陪伴其中一个女儿共度一小时的专属时间，具体活动内容可由女儿决定。在此期间，另一个女儿则必须自娱自乐。在"妈妈俱乐部"活动期间，母女两人可共同参与一项活动，也许是一项手工制作活动，也可以是打扑克牌、制作影集、网上搜索最喜欢的话题材料，或者是由女儿建议做的其他任何事情（当然，必须合情合理）。你应该保证定期安排与每个女儿"一对一"活动的独处时间，满足她们想要得到母亲特别关注的需求，这样，女儿们就不会再有"这不公平"的哭诉了。

维持你的价值观

即使青春期女儿有时会讽刺你，并且表现得很不听话，你也千万不要改变你的标准，你只要确信你的价值观合情合理即可，让女儿汲取你的智慧。有时候，家庭俏皮话也能为女儿带来智慧，比如"要使你

12 母亲与女儿

的大脑变成一个过滤信息的筛子,而不是一块吸收一切的海绵","总是存在其他的选择",或者是我最喜欢的一句格言:"当别人遇到好事时,我们应该为他感到高兴,而不是替自己难过。"

母女之间往往能够深刻地彼此了解。但是,往往在女儿青春期早期的一个阶段,即便你已经跟她建立了亲密的亲子关系,她也同样会疏远你。

你要知道,进入青春期的女儿的行为甚至连她自己也无法理解。她仍然是一个小孩子,需要加强学习与认知,因此你不能放弃重要的行为界限或家庭习惯,比如全家人必须一起用餐。但要牢记一点,你是负责任的成年人,对于你自己的情绪和行为,你远比青春期女儿更能保持冷静并做出正确的选择。在女儿乱发脾气之后,你要让她先冷静一会儿,然后向她表达你的关心,为她准备一杯热饮,并对她说:"嗨,这一点也不像你……到底发生了什么事情呢?"

如果女儿用你不能接受的方式对待你,那么你可以通过取消为她"服务"的方式教训她,就像著名的家庭心理治疗师戴安娜·莱维采取的方式一样:不再为女儿提供上学接送、发零用钱或洗衣的服务,直到她诚心向你道歉为止,这是你应该遵循的底线。当然,希望你们母女的关系不至于恶化到这个程度。

实用技巧 **教你的女儿掌握一些家庭小技术**

掌握家庭小技术的自信感,或许就来自于做一些简单的小事,比如让女儿学会独自更换灯泡,而不要指望等爸爸回家由爸爸来做这样的小事。

你不要以女儿的名义和她爸爸的决定唱反调。如果爸爸对某件事说"不行",你不要代表女儿和她爸爸协商,而要让女儿自己跟爸爸协商。必须让女儿明白,在没有援助的情况下如何与一名男性成功地进行协商。让她练习争辩和说服别人的能力,她的父亲就是最佳"陪练人选"。

当你女儿想要确立个性特征时,她似乎就会疏远你,希望拥有个人的空间,同时她会质疑甚至拒绝接受你的价值观。这时你不要惊慌失措,她其实是在用你教给她的价值观测试大千世界里遇到的与之对立的价值观。她可能会摒弃你灌输的价值观,然后以自己的方式重新树立价值观。只要你在她面前未曾表现过言行不一,等她长大成熟时,就一定有机会重新接纳你的价值观,并传承下去。

当她对你表现得十分挑剔时,甚至愤怒地指责你"完全不懂事情"时,往往正是她最需要得到你理解的时候。

妈妈对我永远只有鼓励……她会准备一小包零食,在学校外接我放学,然后送我去学芭蕾舞。她特别擅长帮我树立自信心……如果哪天我心情不好,妈妈可能就会请我去咖啡馆喝杯咖啡,或者拉我一起去购物,送我一支唇膏。尤其当我遇到困难时,

12 母亲与女儿

她总会一如既往地鼓励我……我知道,她会百分之百地在背后全力支持我。如果我做对了事情,她常常会送我一份小礼物,并在枕边留下便条,说她为我感到无比骄傲。

——小学生杰茜

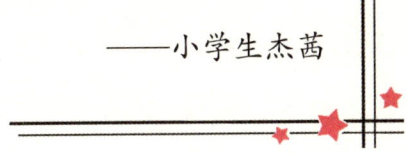

理解青春期女儿的心理变化

在女儿进入青春期阶段,当你试图与她交流新感受或心情变化时,你一定会感到惊讶,你们的亲子关系发生了微妙的变化。当女儿刻意疏远你并开始凡事都想独立自主时,母亲会产生被女儿拒之门外的陌生感。

或许这时你不得不动用所有的资源,才能成为女儿"真正需要的"家长。而女儿就好像在努力尝试摆脱一种矛盾的感受:她的母亲行为怪异,令人尴尬,但同时母亲又是世界上最靠得住、最会安慰人的人,是她最需要的那个人。

因此你要学会读懂你的女儿,让她明白必须对自己的行为承担后果,并期待她对家庭做出贡献。

下面是青春期少女布瑞娅在发给我的电子邮件中,讲到的她和她妈妈之间有着一种怎样特殊的关系。从中你可以看到,什么样的妈妈才是最受女儿欢迎的妈妈。

我的妈妈是一个最值得信赖的人。因为青春期的生活总是很复杂,所以你需要明白一点:不管遇到什么问题和烦恼,你都可以信任你的母亲。我的妈妈简直神了,因为她总能随时随地给予我帮助。当我需要与她谈心时,我们之间从来不需要安排固定的时间,我知道如果我有需要的话,可以立即打电话给她,或者约好晚上再谈,或者不管什么时间,只要妈妈有空听我说就行。

妈妈的另外一个十分重要的特点就是倾听。妈妈听得越认真,我就会跟她说得越详细、越具体……当她聆听我的倾诉时,我会感到特别安心,即便她的倾听未必能给我提供有用的见解,或是解决问题的办法,那也无妨。尤其重要的一点是,即使当她不完全赞成我的想法,但只要明白她是站在我这边的,就会让我感到心里无比踏实。如果妈妈不能让我感到安心,可能我就会试图在别处寻找安慰了。

我和妈妈的特别关系中,最关键的一点是我们能够一起制造乐趣。她不会向你唠叨或者冲你大喊大叫,我也会尝试与她友好相处,相互帮助。最难以解释的是,我们之间的很多乐趣来自那些只有我俩才懂的"暗示幽默",比如我们在洗餐具时会把音乐的音量调至最大,还会跳一种很傻的舞。当然,最终的结果是我俩都能把对方逗得捧腹大笑。

健康积极地看待女儿与异性朋友的交往

大多数人的内心深处都会有这样的疑问:"我会爱别人吗?我能

12 母亲与女儿

否被别人所爱呢?"对女孩来说,这更是一个挥之不去的疑问。从某种程度上说,青春期女儿的异性友谊状况,可能会成为你未来几年内应关注的焦点。

作为一名母亲,应让女儿树立有梦想、有自尊、有人生目标的"三有"理念,应向她说明,设立个人行为界限和标准,对她将来实现梦想和享受高品质的婚姻生活有着重要的意义。要让女儿明白该如何分享与异性的友谊,如何通过与异性一起做事和参与有创新性的活动来深入了解对方的品行。母亲应该给女儿树立一个未来丈夫的美好的心理形象,他不仅具备高尚的品行,还应有忠诚的承诺。在女儿进入青春期时就向她灌输这种积极的信息,对女儿的健康交友来说是非常及时的。

家庭行动

☑ 告诉女儿,在她15岁时认为很酷的男孩,或许等她成长到25岁时,就会完全失去对他的激情。如果你们之间未曾发生过性行为的话,彼此从恋爱关系中走出来就容易得多。

☑ 告诉女儿男孩常因美貌而爱上一个女孩,而女孩却不一样。女孩只有获得真爱并建立亲密关系后,才会真正自愿与男孩在一起。

☑ 告诉女儿好莱坞电影或电视荧屏中所呈现的肆意

> 性行为貌似很美好，但在现实生活中完全不适用，肆意性行为只会使女孩受伤。
>
> ☑ 告诉女儿何谓真爱，它与缺乏人情味的性爱文化背道而驰，忠诚而有责任心的男孩才能最终赢得女孩的芳心。
>
> ☑ 鼓励女儿多参加集体活动，包括有男孩、女孩共同参加的青年聚会活动和家庭团体活动等。

你应该向女儿解释，终生的伴侣关系应建立在充分共享兴趣爱好、理想和价值观的基础上。也许你不可能一次性向女儿传递全部的信息，但通过设立与她年龄相符的行为规则，并告诉她，你对她的未来寄予美好希望，你就能让她接受你的观点，向你希望的方向发展。

孩子们的情感往往表现得非常情绪化。如果母亲对个人吸引力和女性魅力缺乏自信的话，就会对自己的外表表现出漠不关心的态度，这将对她的女儿产生消极影响。女儿可能会以母亲为榜样，结果要么是在公共场合感到很不适应，要么表现得毫不在乎。你应该对她渴望被认同的需求多加关注，在自己仪容端庄、仪态优雅的状态下，让女儿也打扮得体。

实用技巧

★ 母亲要善于倾听。当女儿想跟你谈心时，找一个恰当的好时机跟她谈谈，比如晚上上床睡觉前，或者当她从学校放学一

12 母亲与女儿

回到家的时候。

★ 固定安排一些常规活动或进行心灵沟通，有助于女儿形成美好的回忆和培养母女亲情。

★ 对具有里程碑意义的人生转折点，如女儿刚上小学，或者女儿13岁生日时，可以举行一个庆祝活动。在经历重要的人生大事时，可以请专业摄影师拍一些纪念照片。

★ 母亲要多花时间与女儿单独相处，比如可以一边洗餐具一边跟女儿聊天，一起去咖啡馆喝杯咖啡或果汁，甚至可以带着保温瓶一起去公园散步——她肯定会喜欢这种以"大人"身份外出的活动。最重要的一点就是母女能够一起享受美好的休闲时光。

★ 在女儿"爱发脾气"的特殊时期，应给她提供独处的空间，同时应留意她是否被同学欺凌。

★ 注意你自己的言辞，不要让女儿老是听见你抱怨个人体重和谈论节食的话题，你应该做出好榜样，为享用美食而开心。

★ 和女儿的朋友们成为朋友，欢迎她的朋友们来家中做客，并结识女儿朋友们的家长。给女儿示范如何与朋友建立友谊。

★ 对女儿身体上发生的生理变化，你应该提供健康、科学的知识信息，向她表明在你的眼中，她有着怎样的"重要价值"。

★ 让女儿明白你为她设定的行为界限是什么，以及你为何需要知晓她身在何处，跟谁待在一起，这些都是保护她安全、健康地度过青春期的基本措施。

★ 对女儿的表扬应具体，避免泛泛而谈。送给女儿一些有关女性楷模的励志图书,让她以这些楷模激励自己。

★ 让女儿承担一些责任,以便让她与家庭始终保持密切的关系,比如照顾家中的宠物,每周做一次饭,每周洗一次碗等。每个青少年都需要有成为团队一部分的归属感,并且在逐渐成熟的过程中,不仅需要更多的自主权,也需要承担更多的责任。

女儿需要母亲能够做下列事情

☑ 鼓励她。

☑ 成为一个乐观积极的楷模。

☑ 始终维持一致的个人价值观。

☑ 能制造活泼有趣的快乐时光。

☑ 教她如何与朋友建立积极健康的友谊。

☑ 帮她树立梦想、自尊和人生目标。

13

父亲与女儿

fu qin yu nü er

  每个爸爸都有能力向女儿送一件令人惊喜的礼物。如果送给女儿的礼物是一辆崭新的轿车，或者是一沓厚厚的钞票，女儿当然不会无动于衷——我希望我也能送给女儿这样的礼物——但任何一个爸爸完全有能力送给女儿更加珍贵的礼物——人生的价值观和自信心。

我的父母自始至终向我灌输的一个观点是,美是由内而发的,这对我的人生产生了深远影响。如今,有太多的女孩患有厌食症,她们拒绝食物的同时,还会遭受来自精神上的压力。

——著名女中音歌唱家露茜

每个爸爸都有能力向女儿送一件令人惊喜的礼物。如果送给女儿的礼物是一辆崭新的轿车,或者是一沓厚厚的钞票,女儿当然不会无动于衷——我希望我也能送给女儿这样的礼物——但任何一个爸爸完全有能力送给女儿更加珍贵的礼物——人生的价值观和自信心。

父女间的心灵相通有着独特的方式。能够让女儿百分之百地拿出全部真心对待的第一个男人,就是身为父亲的你,这一点永远不会改变。你会永远保护这种特殊的父女关系,使你在她的人生中享有"特权地位",同时,你也是对女儿说话"最有分量"的人。

你不必为了女儿能赢在起跑线上而试图成为一个完美无缺或卓越超群的爸爸,每个人都有缺点,也都会有犯错误的时候。

然而,当女儿明白她在你心中很特别时,她将对你心存感激。据说青春期女孩的自尊特点,就是从她父亲身上学到的。当女孩进入青春期时,她似乎更加看重父亲对她的看法。你在情感方面形成的个人特质,你女儿一定能够感知到。因此,你应该自始至终对女儿本

13 父亲与女儿

人——而不是她的行为表现——加以肯定。

我"最喜欢的"女儿名叫金莉(在她小的时候,我总是称呼她为我最喜欢的女儿,但她心里很清楚她是我唯一的女儿),她在家中排行老二,上面有个好动爱闹的哥哥,下面还有个喜欢竞争的弟弟。我非常欣赏女儿独树一帜的个性,她能够机敏巧妙地周旋于两个身体强壮的兄弟之间。她总是按自己的方式行事,有时她那令人惊讶的女性特质,竟然可以游刃有余地用在两个爱吵闹的兄弟之间,甚至有时她能够把喧闹的场面完全控制住。她对她的兄弟也表现得特别忠诚,她的弟弟忘不了在操场玩耍与他人发生矛盾时,姐姐是如何挺身而出的。他回忆,那一刻姐姐唰地从单杠上跳下来,并对攻击他的小男孩大声质问:"你胆敢再碰我的弟弟一下试试!"

因为同为男性,所以我跟儿子们比较容易引起共鸣,并且我们也因为男人共同的爱好,比如喜欢运动和喜欢使用工具,彼此间很容易即刻建立心灵沟通。但女儿对我来说却充满了神秘感……就像她的母亲一样。

那时候,我教养女儿的大多数经验是通过自己反复试验获得的,它们源自我内心深处的某些东西,那是一种强烈的保护欲。作为一个爸爸,如果没能成为照顾孩子的主要负责人,我觉得是一种浪费。爸爸能做的事情包括:从商店买一份奶昔,带回家给孩子们一个惊喜;发动晚餐后的赛跑游戏。爸爸可以确保蹒跚学步的小女儿也有获胜的机会,每当女儿快要输给她的哥哥们时,爸爸可以出其不意地宣布停止比赛。对于一位年轻的爸爸,我希望他能投入更多的时间陪伴女儿,只为博得女儿的开心一笑。

女孩需要得到父亲的肯定

多年以来,人们一直认为教养女儿理应是母亲的职责。值得幸庆的是,如今的父亲在他女儿的人生经历中已经开始扮演重要的角色了。

在女儿对自己的想法产生怀疑的时候,你的话会像一座灯塔一样指引她。而且你对她的信任就好比是水泥预制板中的钢筋,一旦女儿的人生中遇到地震般的重大挫折时,她的心灵也不至于崩裂倒塌。因为强大的内心会使她充满自信,让她明白人生中的艰难时刻总会过去,而从挫折中吸取的教训,则会磨炼她的意志。

女儿需要听到她的父亲以各种不同的语气对她说:"是的,你很可爱,既有能力又冰雪聪明。"在什么地方说这句话并不重要,不管是在家里还是在朋友间的聚会上,甚至是在其他的公共场合,说这句话所得到的效果始终是一样的。女孩总是喜欢让人分享她们的内心感受,并渴望听到父亲对她们的肯定。我们曾经采访过一些成功的女性,她们都频繁地提到,在她们的儿童时期或青春期阶段,她们的父亲是如何通过激励的话语来影响她们的,这一共同点让人感到惊讶不已。一个父亲可以教女儿学会如何独立思考,可以用独一无二的方式教她学习掌握人生的必备技巧。

你女儿需要你的言语肯定,即便她的行为和你的鼓励之间没有什么直接的关联也应如此。事实上,当她处于最糟糕的情境时,往往是她最需要你支持的时候。你应该对她的品格给予肯定,而不是对她的具体行为表现进行表扬。

13 父亲与女儿

我曾经和一位母亲交谈过，她说她女儿在步入青春期后变得十分叛逆。她总结出一个教养女儿的观点让我完全意想不到。她认为青春期遇到问题的所有女孩，在其人生中自始至终有一条线维系着她们，即她们都有一个被动消极的父亲。很多女孩的父亲充当的角色，只是想成为女儿的朋友，一位"好好先生"，他们没有为女儿设定行为准则，明确做错事情应承担怎样的后果，以及对她们抱有何种期望。尽管这位母亲提出的观点仅仅基于她的一般观察，但可以说明一个道理，那就是女孩非常渴望有一个积极肯定地支持她的父亲。

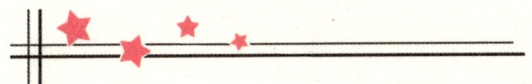

女儿眼中的父亲

他会开车带我们去兜风。当我发脾气时，他会纠正我的错误行为。

——肖娜·格伦菲尔德，7岁

他教我跳绳，他愿意陪我玩追逐游戏，他还教我做蹦床运动。有时他带我一起去打橄榄球，他还会带我去游泳，我很喜欢他。

——露西·桑德灵厄姆，6岁

他会拥抱和亲吻我，指导我完成家庭作业。他还带我去吃冰激凌。如果家里有东西坏了，他一定能修好。

——亚历桑娜·帕库朗阿,6岁

对我来说,他是世界上最棒的老爸。他也许有点喜欢发号施令,但我真的觉得那算不上什么。

——娜奥美·怀乌库,9岁

父亲要成为女儿心中的英雄

你的女儿需要情感保护,这跟她需要身体保护同等重要。身为父亲,你应该充分利用她对你的信任对她实施情感保护,这是你的特权。你应该向她提供可信赖的行为准则,指导并保护你的女儿,而且在她受挫时,你要成为她心目中的英雄。你要让她明白,万一她陷入了某种情感困境之中,你会永远站在她身边支持她。

一位朋友曾经对我说,他总是向他女儿反复重申一点:将来不论她身处何处,一旦她陷入困境,随时都可以联系老爸。当她16岁时,有一天晚上参加一个聚会,因为她的父母不仅知道聚会地点在哪里,也知道她和谁一起聚会,所以他们并未要求女儿早早回家。结果大概到了晚上10点钟左右,他们接到了女儿的来电:"爸爸……嗨,这一点也不公平,我参加聚会才一会儿工夫,而……好吧,好吧……你知道在哪里接我吗?在24A……好的,按两次汽车喇叭我就知道你到

13 父亲与女儿

了。"通过女儿的来电内容,这位父亲马上意识到他女儿想要离开聚会,并采用打电话的方式作为逃离的策略,这样不至于让她在朋友们面前丢面子。一定是聚会时发生了什么不对劲的事情,所以她才想要离开。我的朋友感慨道:"我就像007詹姆士·邦德那样,风驰电掣地驾车去了聚会地点。当我按响两次汽车喇叭时,我女儿立即从聚会的地方冲了出来,跳到车里。她坐定后长嘘了一口气说:'哦,爸爸——太感谢你了。聚会有点失控了,我觉得没有安全感,我唯一能想到的办法就是请你来接我回家。'"

> 爸爸对我的意见总是很重视,他会通过眼神与我交流,并始终让我觉得自己很让人在意,甚至在他的朋友面前,爸爸也是如此。
>
> —— 中学生兽利娅

不要过度保护女儿

父亲在培养女儿的独立性和各方面能力时能够起到重要的作用。因此,你应该引领她进入未知的大千世界,让她在成长的过程中树立个人的自信心。

你应该让女儿学会以她的个人立场思考问题,并坚持不懈,必要时懂得说"不";要鼓励她深思熟虑地考虑问题,并相信自己的判断能力。

你应该让女儿养成自己动手做事的好习惯,而不要总是期待他人替她做事,例如更换一个灯泡,疏通堵塞的水槽,或者将自己的自行车链条复位等琐事,都应该学会自己做。当然,有时候如果爸爸替她修好了自行车,她一定会感到非常开心。但当她独立地处理了事情或者自行解决了问题时,你务必要表现出对她刮目相看的赞许表情。

> 父亲可以这样对女儿说:"你可以站在一边看我做事,我有需要时你来帮助我;当我站在一边看你做事时,我也会在你需要时给你提供帮助。"

对于女儿来说,这个世界充满了危险,但有时候过度保护并不能起到积极的作用,而只会让女儿觉得你不够信任她。相反,你应该尽一切可能与其他家长们一起努力,共同打造一片更适合女儿成长的天地。

你的鼓励对女儿来说很重要

父亲对女儿的评价,不论是口头上的还是非口头上的,都会对女儿的自我意识产生深远的影响。当父亲对女儿的想法加以肯定,拥抱女儿、鼓励女儿——从方方面面流露出真实的父爱——就等于已经在帮助女儿避免走向对外界世界产生错误评价的歪道上。

最近,新西兰奥克兰市进行的一项调查研究表明,女孩患上饮食紊乱症者占有相当大的比例,这与她们的父亲认为美与苗条身材密切相关存在着直接的联系。因此,作为父亲,你应该竭尽全力提倡健

13 父亲与女儿

康的饮食观念并做出榜样,但对女儿的体重,你永远不要横加指责,或者评头论足。当然,你可以请女儿充当你的"体育教练",让她陪你一起慢跑,但你要向她明确表明:是你自己需要健身减肥,而不是她的体重需要减少。

当一个父亲能够始终尊重女儿,有礼有节地对待女儿时,等于为女儿树立了一个好榜样,女儿就会明白自己理应受到怎样的对待,她以后就不大可能跟一个不尊重她的男人坠入爱河。如果你尊重女儿(和她的母亲),那么她自然会坚持要求其他男性也能做到这一点。如果你习惯于贬低女儿,或许将来她就会接受其他男人贬低她,并认为这很正常。

许多女性获得了事业上的巨大成功,我为她们感到欣喜,但同时也有一些女孩因降低了她们的目光而丧失信心。这些女孩轻视自己,并陷入不良的异性关系中,做着毫无出路的工作,在耗尽个人天赋和潜力之前,她们失去了对美好未来的憧憬。

可见,女孩得不到尊重,又失去信心的话,是多么可怕。

> 我小的时候,爸爸每次下班回家总会给我一个热情的拥抱。他给予我的是满满的父爱,使我无需再去其他地方寻找感情。
>
> —— 奥莉薇娅,15岁

父亲应积极融入女儿的生活中,用特殊的方式支持她。你可以抽出时间单独与她一起远足,或同她一起做其他的事情。用这种方式,你就能有机会了解女儿对男孩有何想法,而且可以锻炼她如何与男孩进行争辩或讨论。你可以鼓动她的朋友们一起参加体育运动,并使她们组成一个团队;或者当女儿邀请朋友们来家里做客时,你就充当一位礼貌周到的男主人,热情地招待她们,这也是一个极好的交流机会。借此时机,你可以向她们示范一个好男人应该是怎样的。

> 父女之间有独处的时刻是非常重要的。例如,父亲可以开车送女儿上学,可以安排与女儿一起参加探险活动——杰茜和露茜永远不会忘记和爸爸一起在敞篷汽车里夜宿露营、在溪水中捕小鱼、在海滩边做早餐等充满乐趣的活动。
>
> ——简妮,一位家有双胞胎女儿的母亲

父亲为女儿设立必要的行为准则是为了教育和保护女儿,但有时他也会和女儿一起玩一些疯狂而激动人心的游戏,并教她如何明智地选择"安全的冒险"。正如我的一个听众女孩所说的那样:"我知道妈妈很爱我,但爸爸总能让我兴奋不已。"她说,爸爸是第一个把她抛向高空的人,爸爸也是第一个甘愿充当马让她玩骑马游戏的人,爸爸强劲有力的臂膀让她觉得这些游戏不仅没有危险,而且充满乐趣。

我曾经听到过的一条最有用的建议是,爸爸一定要努力成为世上最坚定又最温柔的爸爸,既要督促女儿严守行为界限,又要成为女儿最信任、最能够依赖的人。

13 父亲与女儿

敢于为不当言辞道歉

你应该对女儿的想法、感受和所作所为产生浓厚的兴趣。你女儿就像所有的女人一样会对人际关系非常敏感,你应该学会主动发起对话,并就一些话题深入地与她交谈。我在跟我周围的女性朋友聊天时,最喜欢的一句开场白就是:"跟我聊聊你今天遇到的事情吧,你对它们有什么看法呢?"

你应该培养女儿养成与你聊天的习惯。你可以选择驾车时或者散步时与她聊天,也可以在骑自行车的路上跟她聊天。当女儿把你当成可以倾诉的对象时,她将能够更好地缓解心理上的压力。虽然大多数男人往往不擅长语言表达,但在和女儿聊天时,你根本不必一直说个不停,你只需安静地聆听女儿的倾诉,并时不时地补充一句"嗯"或者"还有吗?"对女儿来说就足矣。女人或女孩常常通过倾诉来化解所遇到的问题,因此你不必有需要拯救她的心理负担。不过你应该教她学会如何做出明智的选择,当你拥有向她提供建议的特权时,在你提出个人观点或解决方案之前,最好先问问她的想法或打算。

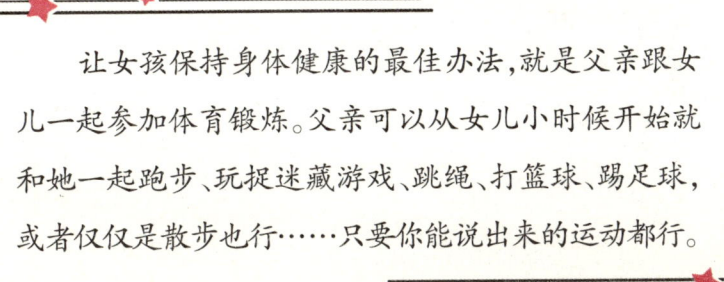

让女孩保持身体健康的最佳办法,就是父亲跟女儿一起参加体育锻炼。父亲可以从女儿小时候开始就和她一起跑步、玩捉迷藏游戏、跳绳、打篮球、踢足球,或者仅仅是散步也行……只要你能说出来的运动都行。

我们是有着丰富的生活阅历和智慧的大人,即使我们在生活中承受了较大的压力,但是也应该做到对自己的言行承担相应的责任,并能够知错就改。当女儿做错事时,你如果能够理解她,对她的心情给予及时的回应,那么有时候消极的事情就会朝着积极的方向发展。如果你意识到自己与女儿讲话时态度过于不客气,你就应该尝试给彼此多留点余地;当你失控的情绪平静下来时,即便你们父女间的矛盾尚未得到解决,你也应该为自己说过的刻薄话向女儿道歉。

如果父女俩都心存怒气并且气氛过于紧张,或许你应该暂时先将问题搁置一边,然后制造一个彼此单独相处的机会,两人好好谈一谈。从紧张的局势中撤退下来,并换个角度重新思考一下,也许你要做的只是多花点时间陪女儿,就能让一切事情重返正轨。

有一句话很神奇,它能让你女儿释放心中的情绪,并为你提供一个保护她不受伤害的机会。即便你女儿才刚刚开始学说话,你也可以尝试着对她说这句话:"那时候,你有什么感受呢?"

然后你就仔细聆听女儿的倾诉,并偶尔用"我理解"和"那一定很让你伤心"作为回应。

就你和女儿的特殊关系而言,聊天绝对是一件意义深远的事,但这事不可能自发产生。

13 父亲与女儿

成为一名会玩的家长

家中育有一女,为你提供了一个可以重温童年游戏的机会。教养孩子并不是一件始终十分严肃的事情,不能有这样的"偏见",否则会给你女儿留下深深的烙印。如果你的家人从不说讽刺挖苦或奚落别人的话,那么当你纵情欢笑地与女儿玩耍时,她就能读懂你的面部表情和肢体语言的含义。我对女儿提出的千奇百怪的问题常常以随口胡编的方式来回答,比如她问:"嗨,爸爸,那棵树上有多少片叶子呢?"我会这样回答她:"64862 片……哦,有一片叶子刚掉下来——现在只有 64861 片啦!"没错,这只是我的随口胡编而已,女儿也知道我根本没有真正数过,但这是我们父女间的"小秘密",也让我有机会假扮了一下无所不知的"圣人"。

实用技巧

★ 陪女儿一起玩耍。每当吃完晚饭,或者当你下班一回到家时,可以为女儿制造一个专属的"爸爸时间"。你可以先问候一下你的妻子,然后单独陪女儿玩一会儿游戏。每天晚上的游戏内容可以不同,但玩游戏时一定要满足她渴望得到你的专门关注的愿望。当游戏结束时,你可以这样对她解释:"现在轮到爸爸跟妈妈谈话了。"

★ 和女儿一起纵情欢笑。有时候你需要表现得"傻"一点。你可以发起一些既有趣又能让女儿参与的活动,像阅读幽默图书或观看滑稽电影等。偶尔做些难以预料的疯狂之举也未尝不可,对任何一个家庭来说,偶尔歇斯底里地大声呼喊会感觉很棒!不过,你应该控制开玩笑的程度,带有个人攻击性质的拙劣玩笑是很难用一句"我只是开玩笑"就能敷衍了事的。如果你对女儿开这种玩笑,你一定会得不偿失。

了解自己孩子的父亲,必定是一个明智的父亲。

——威廉·莎士比亚

理解女儿经历的人生特殊阶段

有一位父亲每天早晨送女儿上学,他发现当女儿成长到14岁时,他们父女之间几乎已经没有任何交流了,即使他想与女儿聊聊,也只会引起她的消极回应。他也考虑到了女儿的年龄因素,并努力对她的消极反应尽量保持冷静,但最终有一天,他送女儿上学时,当女儿下车往校园走去之前,突然泪流满面地对他说:"哦,爸爸,我们过去曾经是那么亲密的朋友……我不知道为什么现在我们却无法保持下去!"

当你女儿步入青春期的早期阶段时,或者当她觉得你让她感到尴尬且觉得你什么都不懂的时候,作为父亲的你就该引起警惕了。你

13 父亲与女儿
<small>fu qin yu nü er</small>

应该继续成为家中负责的大人,理解这只不过是女儿经历的一个人生阶段,你依然必须承担为她设定行为界限和给予她肯定的工作。放心吧,当女儿的心理危机和情绪波动的艰难时期过去后,你就会发现一个充满自信、沉着冷静、有爱有能力的女儿会重新回到你的身边,你们父女之间也将重建永恒的友谊。

爸爸能够使女儿点燃心中对未来的梦想。看得出,我女儿金莉遗传了她母亲很多方面的天赋,不过让她鼓足勇气相信自己,并充分运用她的天赋,我也是功不可没的。

至今我依然很佩服女儿为自己选择的人生道路——作为一名年轻的劳动者,她既是一个公司经理,也是一名教师,她的行事风格干练利落。她展示了女性所有的优秀品质,她珍视友谊,尊重他人,充分利用个人天赋而获得了成功。

实用技巧

★ 品行比声誉更加重要。父亲应该诚实地看待自己的错误并主动道歉,同时也应该原谅孩子所犯的过错,既往不咎。

★ 明智地决定在某些事上是否需要与女儿较真,必要时坚定自己的立场。

★ 在女儿人生重要的转折点——当她开始上学时,或者当她过16岁生日时——给女儿写一封信,向她传授你对人生和爱的感悟。

 **女儿需要父亲能够做下列事情**

☑ 聆听她的倾诉。

☑ 鼓励她明智地选择冒险和寻求挑战,鼓励她大声地畅所欲言,善于发问,并明白不能总是一味地接受给定的答案。

☑ 期待她有最好的表现。向她证明你信任她,相信她不会辜负你对她寄予的厚望。

☑ 确保在你的日程安排中,你能够腾出时间陪她。

☑ 不要过于严肃。

☑ 融入她的朋友圈,花时间跟她的朋友们沟通交流。

☑ 经常纵情欢笑,偶尔再次变成一个孩子。污渍能够洗掉,衣服可以晾干,黑发会变白,但美好记忆却能够永远珍藏。

14 女儿性格的培养

nü er xing ge de pei yang

你家的青春期女儿或许不具备感染她的朋友们的能力,或许她也不具备在班级里胜任领导者的能力,然而,所有的少女都能够以某种方式成为一个领导者。此外,领导能力是完全可以后天培养的。

> 我百分之百地尊重父母以及他们信奉的价值观。他们向你灌输的价值观，能让你清楚地看到它是如何影响他们的人生的，以及他们是怎样对待别人的。
>
> ——著名财经评论家艾米丽

女孩需要受到激励

大多数女孩的内心深处都有一个愿望：她们非常渴望成为一次"伟大冒险"活动中的一员。这一说法十之八九是正确的。很多女孩都渴望做一些有重要意义的事情，让她们觉得不虚此生。因此，女孩们应该设定一些真正切实可行的目标，使她们能够凭借个人能力对社会做出卓越的贡献，并影响这个世界，最终使自己的人生变得更有价值。

同时，每个女孩都还想成为一位美丽、聪慧、有能力且令人仰慕的女孩。

如果你跟8～10岁的女孩聊天，她们在谈到人生目标时会变得非常肯定而自信。但不幸的是，当女孩们步入青春期后，却往往失去了这份自信，而且也丧失了个人梦想和对未来的信心，她们只会试图从别人特别是男生那里寻求对自己的肯定。这就是我们父母所扮演

14 女儿性格的培养

的角色显得如此重要的原因,我们必须帮助女儿始终坚持梦想。她们需要看到自己的未来生活充满希望,而你们作为她们的父母,理应始终如一地肯定她们有能力实现个人梦想。

20世纪90年代,美国有两位社会学家和两位新闻调查记者对分布于全美的2万名女大学生进行了调查,他们提出的问题是:"你认为新的美国梦是什么?"调查结果刊登在一本名叫《美国:说实话的一天》的书里。研究者们原本期待的是诸如此类的答案:"我想成为美国历史上第一位女总统。"或者:"我想成为一名发现癌症病因并治愈癌症的医生。"但事实上,竟然没有一个女孩的回答是研究者们所期望的。而所有的被调查者中,回答想成为富人的比例却高达83%,回答想要身材苗条的比例也达到了81%。研究者们得出了一个结论:享受锦衣玉食和良好教育的这一代女孩,她们的梦想只是希望变得更富有或者更苗条,仅此而已。研究者们把这次调查结果称为"美国丧失灵魂的一天"。

要使女孩们从小树立远大的志向,那么这些女孩的父母是不是有什么该做而没有做的事呢?

如果我们家长自己只是把美貌或者财富当作个人的价值观,那么我们就很难对自己的女儿要求更多。感到快乐的母亲,往往是对个人能力充满自信的女性,她们不仅懂得如何照顾自己,也善于教养她们的孩子。所以,你应该鼓励你女儿对未来的事业有所追求,那样她会找到适合她的特长和令自己满意的未来事业。所以,只要有机会,你可以尽量带着她跟你一起工作,并激发她对未来生活存在各种可能性的无限幻想。如果她将来从事了自己喜欢的行业的工作,遇到了风趣而有上进心的同事或者有着共同志向的合作伙伴，那么她将更有可能收获一个令她满意的人生。因此，只要女儿对个人能力充满信心，那么所有的机会之门都会向她敞开。

重视培养女儿的领导能力

有些孩子天生就像个领导者，这一点很少有人否认。这些孩子似乎刚出生时就具备一种可以激励他人信心的风范。你家的青春期女儿或许不具备感染她的朋友们的能力，或许她也不具备在班级里胜任领导者的能力，然而，所有的少女都能够以某种方式成为一个领导者。此外，领导能力是完全可以后天培养的。即便是"天生的"领导者，也需要父母教导她什么是勇气，懂得怎样照顾弱者。

在女孩当中，领导能力以多种形式存在，它可以具体表现为：有勇气接受来自同龄人的责怪；当某个同学被欺凌时敢于挺身而出加以制止；有能力运用"外交辞令"扭转被动的局势，比如使用这样的圆场之词："嗨，过来跟我们一起吃午餐吧，乔安娜和我的旁边多出一个空位。"

美国心理学家马丁·塞利格曼博士在他的著作《教出乐观的孩子》一书中提到，一个人的主要性格特征有将近25%到50%的部分源于父母的遗传。这意味着一个人有50%至75%的性格特征不是靠遗传获得的，而是通过后天的现实生活中的磨砺获得。

表现领导能力并不意味着一定要舞刀动剑、冲锋陷阵，它也可以表现为与朋友进行一次心平气和的谈话，提出一些能够解决问题的

14 女儿性格的培养

办法等。领导能力也可以表现得更为积极一些,如果断处理一场交通事故,或者在救助他人后最后一个撤离危险之地,也可以是平息了两位怒气冲冲的邻居的吵架,等等。

领导能力也与一个人的强大内心有关。陷入艰难时刻或者处于困境时,内心强大的人会表现出坚毅的特质,但这不是与生俱来的,而是通过后天学习所得。因此,作为家长,你应该经常对女儿说类似这样的话:"我为你在关键时刻表现出的行事方式感到特别骄傲。""你领导一个小团体的方式极为出色——你让每个人都感受到了他们在集体中的重要性,所以他们才能表现出各自的最佳状态。"

卓越的领导能力能够激励他人最大限度地发挥个人才能。这不仅使被激励的人得到肯定,还让他(或她)表现出了个人的最佳状态。女性往往会利用人际关系或集体做决定的方式进行领导,因此你可以好好观察你女儿表现出来的这方面的天性。当我们的青春期女儿有机会锻炼个人领导能力时,哪怕机会不多,我们也应全力支持她。

> 你女儿接触的同龄人团体若是充满乐趣和热情,并有着积极进取的生活方式的话,就能为她带来美好的生活。

帮助女儿发挥优势,树立自信心

新西兰惠灵顿市下哈特镇的契尔顿詹姆斯女子学校校长姬丽安·阿拉戈博士认为,许多女孩不能坚持完成她们自己所选择的某项活动,我们的家长也往往对她们半途而废的行为视而不见。一旦他们所选择的活动需要付出一定程度的努力,或必须"坚持到底"才能完成时,我们常会原谅她们,同意她们做出退出的选择。我们总是轻易地允许她们"半途而废"的行为,实际上是剥夺了她们体验"奋斗"和体会这些活动的重要意义的权利——而这些才是对她们具有真正重要意义的事情。

鼓励你女儿积极参与各种具有挑战性的活动,会促使她不断成长并开阔眼界。你要支持你女儿乐观积极地与人建立友谊,并结识女儿好友们的父母,女儿所学的一切知识你也要学习,你可以参加她的学习活动,并与她讨论交流。要让女儿受到女性楷模和女英雄的熏陶,明白她也有能力拥有一个有意义的人生。

> 我父母的口头禅有两句:"内在美才是真的美。""做事应沉着冷静。"我总是感觉到,我成为他们的女儿令他们激动不已,因为他们始终认为我既美丽又聪慧。我知道这两点恰恰是他们十分珍视的优秀品质,所以我在看待其他人时也是如此。
>
> ——杰茜,16岁

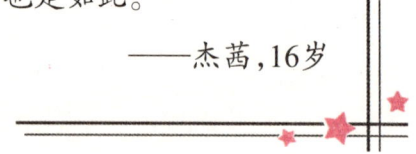

教养女儿需要一种完全不同于教养儿子的方法。在接受教育的过程中,女孩们体验到的是完全不同的经历。女孩的大脑结构也与男

14 女儿性格的培养

孩的有所不同,女孩体内的雌激素就像是一剂"镇静剂",对她们的情绪波动会产生明显的影响。

因此,对女孩需要"鼓励",我们在本书中也一直强调这一点。这绝不是对女孩的一种偏好,而应是父母终生应该对女儿做的事。前文提到的契尔顿詹姆斯女子学校校长阿拉戈博士也认为这一点非常重要,因为"自尊心强是青春期少女的独有特征。有时甚至可以这样认为:虽然你表扬了女儿一百遍,但只要你对她有过一次严厉批评的话,你女儿记住的可能只有那次批评"。

作为家长,我们应该鼓励我们的女儿,让她变得更加有雄心壮志,更能自由发挥无限的想象力,并积极进取,获得成功。同样,女孩们也需要学习和掌握技巧,需要懂得如何培养个人的创新和适应能力,还要学会如何从失败和挫折中重新振作起来。

实用技巧

★ 具有积极健康的竞争心态,能促进女儿的成长

不论你女儿身处校园还是职场,都应鼓励她勇于冒险、参与竞争。鼓励你女儿积极参与她既擅长又有优势的竞争活动,因为自信能让她体验到获胜时的成功感。但同时也应鼓励你女儿参与一些她毫无优势的竞争活动。如果你女儿对比她更加优秀的竞争对手勇于表示钦佩、称赞并乐意向对方学习,这会促使她更全面地认识自己。竞争对手很可能会激发你女儿内心深

处的进取心。这个世界上总会有比她更优秀的人,当然永远也会有能力不如她的人。

★发现优势所在,就能树立自信心

即使一个女孩被认为很聪明,那也不代表她在每一个方面的能力都很强。你如果能发现女儿的优势和兴趣所在,那么就能帮助她树立自信心。

★多与具有相同价值观的朋友交往

在女儿的求学生涯中,只要你女儿的社交生活没有影响她的学业,就不必加以阻止。应该鼓励女儿选择与你们家有着相同价值观的朋友进行交往。如果她能够结识一群这样的朋友,那么她们很可能不仅会彼此相互扶持,而且还会一起共享快乐时光。

★参与学校、社团组织的旅行

女孩们经常把家庭旅行看作是与家人团聚的一个良机。但女孩们在读书期间,参与学校、社团组织的旅行,则会对她们的独立性和视野开阔产生积极的影响。

★扮演领导者的机会

家中有不止一个女儿的家庭,组织家庭活动时,不要仅仅因为某个女儿不是长女就禁止她扮演领导者的角色;同样,即便家有长女,也应给予其他女儿充当领导者角色的机会。

★做好迎接挑战和遭遇阻碍的准备

告诫女儿不要草率地决定她将要投身什么职业,而应该在她深思熟虑之后,再决定她将要从事一生的职业。告诉女儿,要时刻做好迎接挑战和遭遇阻碍的准备。通向成功之路往往是曲

14 女儿性格的培养

折的,但成功的女性对她们的工作总是充满了激情。

你需要为你女儿提供资源,帮助她树立面对这个世界的自信心,并学会如何照顾自己;鼓励她充分展示个人优势,并对她的聪明才智表示祝贺;帮助她学会鉴别和排除种种障碍;帮助她发挥个人优势,以实现人生目标,使她明白帮助他人就等于帮助自己。

切记,当女儿还在你的家中时,你所投入的时间和精力,就是你对未来的投资。你向她传授了智慧和能力,就会使她成长为一个对社会有用的、有爱心的成年女性,并且将来她也会以同样的方式教育她的孩子,这便是对你的真正回报。

祝愿你在教养女儿的过程中,能够体验一段充满乐趣、爱心并且激动人心的旅程。

图字：11—2014—53

图书在版编目（CIP）数据

优秀女孩教养手册/（新西兰）格兰特（Grant，I.），[新西兰]格兰特（Grant，M.）著；徐莉编译. —杭州：浙江少年儿童出版社，2016.5
ISBN 978-7-5342-9341-2

Ⅰ.①优… Ⅱ.①格…②格…③徐… Ⅲ.①女性-家庭教育 Ⅳ.①G78

中国版本图书馆 CIP 数据核字（2016）第 076050 号

First published in 2008 by Random House New Zealand Ltd.
© 2006 Ian and Mary Grant
The moral rights of the author have been asserted

This translation is published by arrangement with Random House New Zealand Ltd. through Rightol Media in Chengdu.
本书中文简体版权经由锐拓传媒取得（copyright@rightol.com）。

责任编辑	宋 杰	责任校对	冯季庆
封面设计	傅行鸣	责任印制	阙 云

优秀女孩教养手册

[新西兰]伊恩·格兰特 玛丽·格兰特 著
徐莉 编译

浙江少年儿童出版社出版发行
（杭州市天目山路40号）
杭州丰源印刷有限公司印刷 全国各地新华书店经销
开本 710×980 1/16 印张 15 字数 160000 印数 1—8120
2016 年 5 月第 1 版 2016 年 5 月第 1 次印刷

ISBN 978-7-5342-9341-2 定 价：25.00 元
（如有印装质量问题，影响阅读，请与购买书店或承印厂联系调换）